对外汉语词汇教学

高 燕◎著

第二版

U0330120

华东师范大学出版社

·上海·

图书在版编目（CIP）数据

对外汉语词汇教学 / 高燕著. —2版. —上海：
华东师范大学出版社，2019
ISBN 978-7-5675-8749-6

Ⅰ.①对… Ⅱ.①高… Ⅲ.①汉语－词汇－对外汉语
教学－教学研究 Ⅳ.①H195.3

中国版本图书馆CIP数据核字（2019）第023811号

对外汉语词汇教学（第二版）

著　　者　高　燕
责任编辑　张　婧
责任校对　罗　丹
装帧设计　卢晓红

出版发行　华东师范大学出版社
社　　址　上海市中山北路3663号　邮编 200062
网　　址　www.ecnupress.com.cn
电　　话　021-60821666　行政传真　021-62572105
客服电话　021-62865537　门市（邮购）电话 021-62869887
地　　址　上海市中山北路3663号华东师范大学校内先锋路口
网　　店　http://hdsdcbs.tmall.com

印刷者　上海市崇明县裕安印刷厂
开　　本　787×1092　16开
印　　张　16.25
字　　数　231千字
版　　次　2019年3月第2版
印　　次　2021年1月第3次
书　　号　ISBN 978-7-5675-8749-6/H.1027
定　　价　39.00元

出版人　王　焰

目　录

第六章　词汇偏误分析 / 163

序 言

中国经济的持续发展、中国国际地位的提高，以及中国与世界各国经济合作和文化交往的空前发展，在国际上形成了不断升温的"汉语热"，同时也催生了一门新的专业——汉语国际教育。汉语国际教育，顾名思义，是一门为在国际上进行汉语教育而服务的专业，是为国际汉语教学培养、培训师资和管理人才的专业。这个专业是在中国国内原有的对外汉语专业的基础上发展而来的。它与对外汉语专业既有共同点，也有不同点。共同点是都是为了培养对外汉语教师和相关人才，不同点主要体现在以下几个方面：

第一，更加强调"国际"性。"对外"和"国际"两者的名称不同。"对外"是立足于国内，强调培养在中国国内对外国人进行汉语教学的师资；而"国际"则把这一任务从国内推向了世界，立足于全球，致力于在世界范围内培养从事汉语和中国文化教学工作的师资以及相关的管理人才。在国际上从事汉语教学工作，与在国内从事"对外汉语教学"工作相比，其地理环境和人文环境都有很大的不同，会产生许多意想不到的困难和问题，需要教育者和受教育者去共同面对和解决。更重要的是，汉语国际教育表明：汉语教学不再是中国人的事，已经成为一项国际性的事业。我们要适应这个转变，促成这个转变。

第二，更加强调"应用"性。汉语国际教育是作为一个专业硕士学位设立的，其服务对象是国际范围内在第一线从事汉语作为第二语言教学工作的教师，解决他们所面临的问题，提高他们汉语教学的水平和能力以及效果和效率。这一专业培养和培训并重，既培养未来的国际汉语教师，又注重对在职国际汉语教师的培训，提高其教学水平。

第三，更加强调"广泛"性。与对外汉语教学相比，汉语国际教育更加强调广泛性。这里的"广泛"性，有人才的广泛性，除教学人才之外，还要有管理人才和译介人才；有对象的广泛性，要面临不同国家、不同语种的特殊要求；有层次的广泛性，要适应各种起点的教学所需要的教师，等等。因此，我们必须因时、因地、因人、因任务、因目标制定和调整培养和培训方案，让汉语国际教育这个专业不断走向成熟。

华东师范大学是全国最早设立对外汉语专业的院校之一，也是最早设立对外汉语方向硕士点、博士点的院校之一，又是国家汉办和国务院侨办对外汉语教学和华文教育的双基地，拥有二十多年对外汉语教师培养和培训的经验，以及多名国内外知名的对外汉语教师培养和培训专家，有责任为汉语国际教育专业建设贡献一份绵薄之力。因此，我们组织编写了这套"汉语国际教育丛书"，以满足培养、培训汉语国际教学骨干教师的需求。

这是一套开放性的丛书，力求体现汉语国际教育教学的国际性、应用性和广泛性等原则。汉语向国际推广是我国对外开放、提高国家软实力和实现和平发展的重要举措，我们拟先集中力量，围绕教师培养、培训，积极做好能够反映汉语国际教育教学发展前沿的，理论、方法与实践紧密结合的教材建设工作。目前先出版7种教材，今后将根据需要和可能，进一步拓展范围。我们欢迎国内外专家积极投稿，支持该丛书的编写出版。

潘文国

（华东师范大学　国际汉语文化学院教授）

第一章

对外汉语的词汇范围
及词汇教学的地位

词汇是语言的三要素之一，是一种语言中所有的词和固定短语的总汇。对于作为第二语言的汉语，其词汇的范围也是如此吗？词汇范围的确定对于词汇教学具有重要的意义。而正确认识对外汉语词汇教学的目的、原则与地位是合理有效地进行教学的基本出发点。

第一节　对外汉语的词汇范围

对外汉语的词汇范围不同于本体的词汇范围，除了词和固定短语以外，从教学角度出发，还应包括那些凝固或半凝固的各种组合形式，本节将集中探讨词汇范围问题。

一、汉语词汇的构成

词汇是语言的三要素之一，是一种语言的全部建筑材料单位的总汇，包括所有的词和所有的作用相当于词的固定短语。词是词汇的基本单位，是词汇的主要成员，代表了一种语言词汇的基本面貌。固定短语是特殊的词汇单位，既不同于词又不同于临时组合的自由短语，它结构定型、意义完整，造句功能相当于词。

（一）词的构成

词有很多种类，从不同的角度可以得到不同的类聚。

根据音节的数量，词可以分为单音节词、双音节词和多音节词，如"书、好""学生、教学"和"半导体、奥林匹克"等。

根据包含语素的数量，词可以分为单纯词和合成词两大类，这是词最重要的一种分类。单纯词就是由一个语素构成的词，如"大""说"等。合成词是由两个或两个以上的语素构成的词，如"教室""电冰箱"分别由两个和三个语素构成。

根据在词汇系统中的地位，现代汉语的词汇可分为基本词汇和一般词汇。基本词汇是整个词汇系统的核心和基础，尽管只占词汇的一小部分，但它包含的基本词表示人们日常生活中最常见的事物现象，表达最普通的概念，同人们的日常生活息息相关。它们使用频率高，生命力强，为全民所共同理解，大多数具有较强的构词能力，如"人""生活""粮食"等。基本词汇以外的词汇就是一般词汇。一般词汇没有普遍的使用性和历史稳固性，使用频率低，构造新词的能力不强，如"点球""克隆""票房"等。

根据来源，可以把词分为传承词、新生词、古语词、方言词、外来词等。现代汉语中的词语不都是现代才出现的，由于语言的渐变性和继承性，古代词语有很大一部分传承到现代，这就是所谓的传承词，如"天""人""口"等。随着生产、社会生活的发展以及科学技术的进步，各个历史时期不断产生新词，形成所谓新生词。新生词是一个相对的概念，现代汉语的新生词是指现代汉语阶段产生的词。现代汉语中还有少量古语词，包括历史词和文言词两类：前者表示的事物现象是历史上曾经存在而现在已经不存在了的，一般用于涉及历史的文学、艺术作品中，如"宰相""鼎""凌迟""耒"等；后者即文言词表示的事物、现象、关系等在现实生活中仍然存在，但是绝大多数已经被通俗易懂的现代汉语词语所替换，如"首""之""皆""畏葸"等。现代汉语在发展的过程中，从方言中也吸收了一部分词，就是所说的方言词，如"瘪三""尴尬""搞"等。外来词是指借自于其他民族语言的词，来自少数民族语言的词也是外来词，如"巴士""沙发""扑克""胡同"等。

根据使用频率，可以把词汇分为常用词汇和非常用词汇，使用频率高的词属于常用词汇，频率低的词属于非常用词汇。常用词往往是基本词，如"吃""阳光""妈妈"等。

根据使用范围，可以把词汇分为通用词汇和非通用词汇。全社会普遍使用的词是通用词汇，只在某些领域、某些地区、某些人群中使用，即在非普遍情况下使用的则是非通用词汇，语言中大部分的词是通用词汇。非通用词汇主要指术语和行业语，即不同科学研究领域和社会不同行业的专门用词，如"方程""密度""盘库""超载"等。

以上是汉语词汇学对词汇构成的基本主张，那么虚词是否也在词汇学研究的范围之内呢？关于这一问题，学术界曾有过讨论，我们认为词汇学研究不能排除虚词。"虚词"与"实词"相对，这一对概念是从词的语法分类的角度提出的，而词汇和语法又分属于不同的研究领域。汉语的虚词使用频率很高，数量有限，属于封闭类。如果将虚词排除在外，那么汉语词汇的研究是不全面的，当然词汇学的虚词研究与语法学的虚词研究关注点是不同的。

（二）语的构成

"语"即固定短语，是由词构成的结构定型、意义完整的造句功能相当于词的语言单位。所谓结构定型，是说固定短语的构成成分不能随意变更或增减，组合顺序不能随意改动，如成语"雪中送炭"不能说成"送炭雪中""雪里送炭""大雪送炭"等。所谓意义完整，是指固定短语的意义一般不是它的构成成分意义的简单相加或者是构成成分的字面义，而是在字面义基础上形成的抽象而完整的意义，如惯用语"泼冷水"不是指泼洒冷水，而是用来比喻打击人的热情。固定短语和词一样，也是一种造句的语言单位，作用相当于词。常见的固定短语有成语、惯用语、歇后语、专名语、谚语等。

1. 成语

成语是最能体现固定短语特点的一种固定短语。汉语的成语以四个音节为主，字面上表现为四字格。成语大多来自历史事件、寓言传说，如"四面楚歌""亡羊补牢""草木皆兵""守株待兔""夸父逐日""画龙点睛"等；也有的来自诗词名言或来自民间口头用语，如"名正言顺""车水马龙""妄自菲薄""狼子野心""欢天喜地""七手八脚"等。

2. 惯用语

惯用语是汉语中很有特色的一种固定短语，是人们口语中习用的结构相对定型的固定短语，如"开夜车""走后门""钻空子""磨洋工""泼冷水""踢皮球""铁饭碗""吹牛皮""笑面虎""捅马蜂窝""钻牛角尖""碰钉子""敲竹杠""扣帽子""挖墙脚"等。

惯用语的意义大都是在构成成分的意义的基础上，通过比喻等修辞手段，抽象概括而成，真正的意义并不等同于它的字面义，例如：

踢皮球：喻指互相推诿，把应该解决的事情推给别人。

钻牛角尖：喻指费力研究不值得研究的或无法解决的问题。

唱对台戏：喻指采取与对方相反的行动，借以反对或搞垮对方。

如果"踢皮球""钻牛角尖""唱对台戏"等使用字面义，那么它们就是自由短语而不是惯用语。由于惯用语比喻性强，所以总体来说比较生动、形象、风趣。另外，惯用语大都具有贬义色彩。

从语体上看，成语大多有出处，书面色彩强；惯用语出自民间，口语色彩强。

3. 歇后语

歇后语是汉语特有的一种固定短语形式，短小风趣，生动形象。它由两部分组成，前半部分是形象的表达，后半部分是对前半部分的解释说明，如"哑巴吃黄连——有苦说不出""黄鼠狼给鸡拜年——没安好心""猪八戒照镜子——里外不是人""猪鼻子插大葱——装相""泥菩萨过江——自身难保""瞎子点灯——白费蜡""姜太公钓鱼——愿者上钩"等。歇后语主要来自民间，大多用在口语中。

4. 专名语

专名语指的是用短语表示的术语和行业语以及具体的机构名、组织名等，如"函数恒等式""组合数学""哥德巴赫猜想""微创手术""通货膨胀""华东师范大学""中国人民银行""东方明珠电视塔""金茂大厦""青藏高原""长江三角洲"等。

5. 谚语

谚语指流传于民间的现成的通俗语句，或是反映生产和生活的经验，或是反映某种现象，往往含有深刻的寓意，具有一定的教育作用，如"瑞雪兆丰年""众人拾柴火焰高""情人眼里出西施""天下乌鸦一般黑""清官难断家务事"等。谚语本身是一句现成的语句，常常被人们在话语中引用，以增强语言的表现力。①

----

① 正是由于谚语是以现成的语句的形式出现的，是言语形式的语句，不是短语，一般不充当句法成分，所以刘叔新先生不把它作为固定短语的成员。本书的"词汇"概念是从对外汉语教学角度出发的，是最广义的，由于谚语具有相对固定的形式和凝固的意义，需要整体记忆，故本书将其列入词汇范围。

二、语块的构成及其教学意义

根据有关的语言习得理论，从教学的有效性出发，我们把那些在交际中使用频率较高的，但又不是真正意义上的固定短语的词语组合形式（包括常用句式）也作为词汇的单位，称之为语块（lexical chunks），它是一种预制的语言板块结构，包含一定的结构和意义。这是从教学实用目的的角度提出的概念，因此也可以称之为教学词汇。对外汉语词汇包括本体词汇和教学词汇。

1975年，Becher指出，语言的记忆和存储、输出和使用并不是以单个词为单位的，那些固定或半固定模式化了的板块结构才是人类语言交际的最小单位。1983年，Peter指出，那些具有可分析空间的公式化框架由于使用的频率性和有效性，常常被当作一个词或一个单位被记忆或使用。[①]Lewis也说："我们交际时下意识思考的是词与词的搭配，而不是单独的词，然后将这些搭配而成的词表达出来。人们努力去从大的整体的方面去看待事物，而不是将其打成碎块。"[②]据统计，语块占到了自然语言的90%。[③]近年来，语块在语言教学和语言研究领域日益受到关注。

（一）语块的构成

1. 多词结构

多词结构具有一定的完整定型性，但又处于固定语的边缘，如：

不是滋味儿　　别往心里去　　想开点　　说了算　　得了吧　　说的也是
看上　　拿得起　　不用说　　谁跟谁啊　　大不了　　仅次于　　三下五
除二　　有意思　　有眼光　　有道理　　没说的　　过意不去　　闹笑话
闹矛盾　　有的是　　也就　　再也　　这就　　就要　　尽可能　　撒腿就
跑　　没完没了　　这不　　公事公办　　谁知道呢　　费了九牛二虎之力

---

① 王玲：《以"词块理论"为原则的对外汉语教学》，《安徽工业大学学报（社会科学版）》，2005年第4期。
② 同上注。
③ 杨玉晨：《英语词汇的"板块性"及其对英语教学的意义》，《外语界》，1999年第3期。

2. 插入语

插入语属于非句法成分，是句子的特殊成分，因此也叫独立成分。插入语在句子中的位置比较灵活，最常见的是在句中。结合有关研究成果，[①]依据表达功能，我们将插入语分为以下几类：

（1）用来表示说话人对自身的言说行为和言说态度进行自我评价的

说实在的　老实说　实际上　说句心里话　不瞒你说　说真的

不客气地说　说白了　明说了　保守地说　严格来讲

（2）用来连接短语、句子以及语篇的

A. 用来表示总结和总括的

总而言之　总起来讲　总括起来说　总的来说　概括地说

一句话　一言以蔽之　总的来看　综上所述　归纳起来

B. 用来表示递进关系的

更不用说　再说　进一步说　更何况　……不说

C. 用来表示转折关系的

话又说回来　与之相反　反过来说　反之

D. 用来表示并列关系、让步关系的

无独有偶　与此同时　同理　相对说来　不管怎么说　退一步讲

（3）用来阐释和说明的

具体地说　确切地说　简单地说　要而言之　简而言之　这就是说

换句话说　换言之　相比之下　这么说吧　也就是说　说到底

就……来说　反过来说

（4）用来举例、强调、补充的

拿×来说　以×为例　像×　比方说　好比说　尤其是　特别是

充其量　除此之外　顺便说一下　顺便问一下　顺便提一下

此外　还有

（5）用来表示说话人观点态度的立场以及看问题的视角的

---

① 李岩岩：《现代汉语插入语及留学生使用情况研究》，华东师范大学硕士学位论文，2016年。
邵敬敏主编：《现代汉语通论（第三版·下）》，上海教育出版社，2016年。

我想　我觉得　在我看来　依我看　从……来看/看来

就……而言　对……来说　在……看来　看得出来

（6）用来表示预期与推测的

没想到　谁知道　别说　别是　别不是　谁料到　谁想到　谁知道

你别说　还真别说　看来　看起来　看上去　看样子　听起来

听上去　这么说　按说　一般来说　由此看来　由此可见　可见

显而易见　可以看出　说不定　少说　这样一来

（7）用来引起听话人注意的

你看　你看看（你）　您看　你瞧　不是我说你　你听　你听听

你不知道　你要知道

（8）表示信息来源的

据……分析　据报道　听……说　正如……所说　传说　有人说

常言道　俗话说　据说　听说

3. 框架语

所谓框架语是指某些有待嵌入具体成分形成短语的一类格式，嵌入之前不是完整的单位，只具有格式和格式义，嵌入之后，则具有词汇意义。[①]框架语主要有：

上……下……　上吐下泻　上蹿下跳　上有老下有小　上不着天下不着地

左……右……　左顾右盼　左突右冲　左思右想　左等右等　左一封信右一封信

东……西……　东借西凑　东奔西跑　东一句西一句　东张西望　东拉西扯

连……带……　连吃带拿　连哄带骗　连蹦带跳　连吃带喝

爱……不……　爱理不理　爱来不来　爱去不去

半……不……　半文不白　半生不熟

---

① 本书所收的框架语有的已被《现代汉语词典》收录，有的未被收录。参看潘文国：《汉英语对比纲要》，北京语言文化大学出版社，1997年；周荐：《汉语词汇结构论》，上海辞书出版社，2004年；曹炜：《现代汉语词汇研究》，北京大学出版社，2004年。

不……不…… 不卑不亢 不伦不类 不冷不热 不男不女 不干不净 不明不白 不清不楚 不偏不倚 不慌不忙 不痛不痒 不知不觉 不言不语 不声不响 不理不睬 不闻不问 不依不饶 不屈不挠 不折不扣 不多不少 不大不小 不上不下 不死不活

有……有…… 有声有色 有板有眼 有说有笑 有理有据 有棱有角 有血有肉 有情有义 有头有尾

大……大…… 大吃大喝 大红大绿 大红大紫 大鱼大肉 大手大脚 大喊大叫 大吵大闹

一……半…… 一知半解 一儿半女

一……而…… 一哄而散 一怒而去 一望而知 一扫而光 一挥而就

……心……意 三心二意 一心一意

……三……四 低三下四 丢三落四 推三阻四 说三道四 不三不四

……前……后 空前绝后 瞻前顾后 思前想后

……天……地 惊天动地 呼天抢地 欢天喜地 顶天立地 翻天覆地

天……地…… 天崩地裂 天高地厚 天长地久 天翻地覆 天荒地老 天昏地暗 天经地义 天旋地转 天造地设 天诛地灭

……头……脑 探头探脑 愣头愣脑 昏头胀脑 呆头呆脑 滑头滑脑 笨头笨脑 没头没脑

千……百…… 千方百计 千疮百孔 千娇百媚 千姿百态 千奇百怪 千锤百炼

千……万…… 千言万语 千呼万唤 千变万化 千山万水

不……而…… 不寒而栗 不劳而获 不谋而合 不期而遇 不言而喻 不约而同 不翼而飞 不胫而走

七……八…… 七手八脚 七嘴八舌 七上八下 七拼八凑 七大姑八大姨

……得慌 累得慌 饿得慌 困得慌 渴得慌 闷得慌

4. 关联词语

关联词语指虚词性的框架结构，如：

边……边…… 既……又…… 即使……也…… 无论……也……

时而……时而…… 不但不……反而…… 或是……或是……

或者……或者…… 与其……不如…… 要么……要么……

是……还是…… 宁肯……也不…… 因为……所以……

……以至于…… 为……而…… 如果……就……

幸亏……不然（否则）…… ……，好在…… 即使……也……

不管/无论……都…… 非……不…… 一……就……

之所以……是因为…… 由于……所以…… 除了……就是……

虽然……但是…… 越……越…… 不是……而是…… 对于……来说

除了……以外 连……都/也…… 而……则……

关联词语与框架语的区别是框架语是一些待嵌结构，嵌入合适的成分之后，形成的单位是词汇性的，而关联词语是语法性的，起到的是连接的作用。

5. 习惯搭配形式

习惯搭配形式也是成对出现的一组词语，与关联词语不同的是，这种形式的语块中至少有一个词为实词，如：

跟……见面 向……学习 跟……相比/比起来

对……感兴趣 为……担心 拿……没办法

别跟……一般见识 当……的时候 由……组成

别拿……开心 跟……过不去 以……的名义

拿……不当…… 跟……谈恋爱 由于……的缘故

像……一样 除了……以外 对……抱有好感

征得……同意 向……交代 到……地步

出于……考虑 所谓……是指…… 从……做起

打下……的基础 把……寄托在……上

6. 口语惯用句式

口语惯用句式即在口语中经常使用的句式，如：

你看你…… 你看你，怎么又把钥匙弄丢了？

……可倒好 你可倒好，整天呆在家里，什么也不做！

……不+动词+不+动词+也得+动词 回趟老家，不花不花也得花上几万元。

……（不过/可是）话又说回来，……　　房子贵是贵，不过话又说回来，这也是一大笔财产啊。

什么A不A的……　　什么好吃不好吃的，吃饱了，肚子不饿就行了。

大……的　　大星期天的，起来那么早干什么？大冷天的，你不怕冻死啊？

V着也是V着，（不如）……　　在家呆着也是呆着，不如出去找点事做。

A是A，B是B，……　　他是他，我是我，我们的情况不同，决定也就不同。

说V就V　　好，我们说做就做，现在就开始！

还N呢　　连这个字都不会写，还教授呢！

A就A（吧），……　　好吧，一百就一百吧，给我拿一件。

A是A，不过……　　好看是好看，不过贵了点。

多（多么、真）+形容词　　多好看啊！

挺（蛮）+形容词+的　　挺漂亮的。

……什么的（表示列举不尽）　　土豆、萝卜、白菜什么的，我都喜欢。

要是……该多好啊　　要是现在就放假该多好啊！

我说，……　　我说，都快十点了。

都怪你　　都怪你，要不我们不会迟到的。

怪不得……原来……　　怪不得他的汉语这么好，原来他是在中国长大的。

A也得A，不A也得A　　要也得要，不要也得要。

别说……，连……也……　　别说我，连老师也不会。

别看……，可……　　别看我不爱照相，可我照出的照片可是一流的。

A+动词+B，B+动词+A　　你看着我，我看着你，谁都没有了主意。

A+动词+A+的，B+动词+B+的　　他说他的，咱们玩咱们的。

A归A，B归B　　工作归工作，休息归休息，不能为了工作而影响了身体。

动词+什么（呀）　　笑什么呀？谢什么呀？

有+人称代词或指人名词+呢　　——我一个人去不认路啊？

　　　　　　　　　　　　　　　　——没事儿，有我呢。

你自己不会……啊？　　书就在你身边，你自己不会拿啊？

要多……有多……　　　要多漂亮有多漂亮。要多富有多富。

A着A着就……　　　看着看着就睡着了。

一+动词+就是+数量短语　　　一去就是一整天。

你（还）别说，……　　　你别说，他这篇论文写得还真不错。

这也叫……?　　　这也叫图书馆? 就这么几本书!

怎么个……法?　　　东北冷，怎么个冷法?

再A也没有……A　　　再贵也没有房子贵! 再多也没有字典多!

瞎……　　　瞎解释。瞎写。

……×就×在　　　小王聪明就聪明在知道什么时候该说什么话。

别NN的　　　你们可别主任主任的，我听着特别扭。

你说V吧，……; 你说不V吧，……　　　你说跟她谈恋爱吧，我又不是特别喜欢她; 你说不跟她谈吧，我一个人挺寂寞的。

别是V了吧?　　　别是弄错了吧?

看着V吧　　　您看着给吧。

论……还得说是……　　　论好吃还得说是饺子。

那要看您（你）……　　　那里的衣服贵不贵? ——那要看您买什么牌子的了。

光顾了……　　　光顾了看电视，忘了厨房里还在烧着菜。

除了A还是A　　　除了学习还是学习。除了高楼还是高楼。

是这么回事……　　　是这么回事，他已经退学了，所以今天的考试他就不参加了。

没等……就……　　　没等我问姓名，他就走了。

……不说/不算，还/也……　　　用的东西不说，吃的东西也越来越贵了。

这不，……　　　这不他们回来了，你跟他们说吧。

……倒也是　　　他说的倒也是。

汉语口语中的惯用句式，大多数从字面上无法索解，理据比较模糊，而且这些表达形式在口语中大量存在，可是这方面的参考资料和研究成果却非常少，留学生不得其解，就连教师备课也甚感不便，今后应进一步加强这方面的研究。

关于语块，本书对其具体数量难以做到穷尽统计，对其类型，也难以准确划分，这些都有待于同行今后的深入研究。

（二）语块的教学意义

语块是语法、语义、语用的结合体，在形式上具有整体性，语义上具有约定性，同时具有习用性，它既区别于固定短语又不同于自由组合：固定短语形式完全"固定"，不具有灵活性；自由组合则太过灵活，其内部不具有依存性和共现性，搭配词语缺少预测性，而语块则介于二者之间，属于表达的半成品。

词汇的习得包括两个阶段，一是理解和记忆，二是搜索和使用。第一个阶段属于简单的识记，相对来说，难度不大；词汇学习的终极目的是表达，因而第二个阶段就成为检验词汇学习效果和质量的重要标准。在这个阶段，普遍存在的问题是学习者不能及时搜索到相关的词语，即使知道用哪一个词，由于词语的特殊性，往往也会出现词语搭配等方面的偏误，另外，不符合目的语语用的情况也多有出现。研究表明，无论是母语还是第二语言，学习者首先是机械地、整体地使用一些基本的语块，其内部结构和语义构成是他所意识不到的，随着词汇量的增加以及对句法规则的逐步认识，自然而然地会将现成的语块分解离析为一个个的构成成分，从而对词和语块以及句法规则有进一步深入的理解。随着语块的不断积累，学习者的表达也会越来越准确、流利和得体。无论是对母语教学还是对第二语言教学，语块作为一种教学词都具有积极的意义，对对外汉语教学的意义尤其如此，具体来说，表现在以下几方面：

1. 有利于提高表达的流利性和准确性

由于语块是现成的备用单位，在交际的时候，省去了组词成语的加工过程，因而可以使说话者在第一时间内不假思索地、快捷有效地进行交际，使表达流畅、连贯。语块跟独立的词一样都是备用的语言成分，但语块是一些半固定的多词组合，使用者在交际时不必自行选词造语，这就大大降低了偏误发生的几率，因为学习者难以在短时间内构建合乎目的语规则和习惯的语块，特别是在初期，他们往往以整体的形式来存储和使用词语的组合，因此语块可以提高表达的准确性，有助于克服母语的负迁移作用，使表达得体自然。

2.有利于加深对构词规则和句法规则的理解

语块兼有词汇和语法的属性，语块的大量习得和使用有助于加深学习者对复合词以及语法规则的理解，比如框架语的格式一般都有格式义，填入其中的成分既有个性也有共性，这势必使学习者在整体化记忆和使用的同时，对其内部的具体构成和整个框架进行一定的思考，从而大大加深对相关知识的理解。又如学习者如果掌握的同类习惯搭配结构逐渐增多，则可以加深对某些语法规则的理解，比如"跟……见面""跟……谈恋爱"类似，为什么用"跟"介引出相关的对象呢？这是因为"见面"和"谈恋爱"都是述宾式的不及物动词，不可以带宾语，它们的对象宾语只能由介词引出。

3.利于提高学习者的自信心

以语块为单位进行记忆和使用，有助于提高学习者表达的流利和地道程度，减少以单个词为单位表达时自行搭配的茫然和困惑，可以大大降低偏误的发生率，从而消除学习者的挫折感，激发他们学习的热情，最终形成第二语言学习的良性循环。

第二节 对外汉语词汇教学的地位

从作用的角度来说，语音是语言的物质外壳，语法是语言的结构规则，而词汇是语言的建筑材料，同时是语音、语义和语法的载体，词汇教学必然是对外汉语教学的核心内容。对外汉语词汇教学的目的就是培养外国学生识词、辨词、选词、用词的能力，培养他们在交际中正确的理解和表达能力。多年来，词汇教学一直没有得到应有的重视，属于相对薄弱的环节，而实际上词汇教学具有举足轻重的地位。

一、词汇教学的重要性

在对外汉语教学界，长期以来，重视语法教学而忽视词汇教学的做法屡见不鲜，致使词汇教学成为对外汉语教学的一个薄弱环节。

在交际活动中，词汇起着至关重要的作用，特别是在外国人谈话（foreigner talk）和幼儿谈话（baby talk）中，许多语法特征都被简化了，但这种简化却很少发生在实词上，词汇对于表达和学习，比语音语法都更加重要。"人们想到语言的时候，几乎总是要想到词汇"，[1] 从意义建构的角度来说，我们能够理解由正确词汇和错误语法组成的话语，却不能明白由错误词汇和正确语法组成的话语。英国语言学家威尔金斯也说："没有语法，人们还能进行一些言语交流，但是没有词汇，人们就根本无法说话了。"[2] 胡明扬指出，"实际上语汇是语言存在的唯一实体，语法是无法脱离具体的语汇而存在的，因为说到底只是无数具体语词的具体用法的概括……"[3] 学者普遍认为，词汇学

---

[1] 转引自陈万会：《论第二语言词汇研究与教学地位的变迁》，《聊城大学学报（社会科学版）》，2006年第5期。

[2] 同上注。

[3] 胡明扬：《外国人学汉语语法偏误分析·序》，载李大忠：《外国人学汉语语法偏误分析》，北京语言文化大学出版社，1996年。

习是语言学习的核心问题，是第二语言学习者最重要的任务。顺理成章地，词汇教学也就成为语言教学中最主要的部分。

在对外汉语教学中，语音是初级阶段几周时间内就可以大致解决的，语法的项目也是封闭的，主要集中在初中级阶段，而词汇则是开放的，词汇教学可以说是贯穿了整个教学的始终，不论哪一个阶段，不论是语音教学还是语法教学，都不能脱离词汇教学。对学习者而言，词汇学习可以说是终生的，所以也需要教师传授自学词汇的方法。词汇教学的最终目的是使学生拥有大量的词汇，能够准确地理解词义，正确地使用。词汇量的多少以及词汇的掌握程度是决定第二语言学习者水平的重要指标，因为它决定了交际的有效性和信息的获取量，包括阅读获得的信息、影视欣赏获得的信息等。对外汉语教学的实践证明，口语交际或书面语阅读中，词汇量的贫乏会影响交流的顺利进行，影响信息的顺利获得，导致学习者产生焦虑、自卑、兴趣减弱等负面的情感因素，甚至造成心理障碍，从而进一步加大学习的难度，形成恶性循环。总之，词汇教学在对外汉语教学中占有极其重要的地位。

二、词汇教学是语言要素教学的核心

词汇教学贯穿了整个语言教学的始终，与其他语言要素的教学密不可分。下面从词汇教学与各种语言要素教学的关系的角度说明其重要性。

（一）对外汉语词汇教学与语音教学

语音是语言的物质载体，没有语音就没有语言。语音是人的发音器官发出的代表一定意义的声音。汉语的词语在语音上的任何一点不同都代表了不同的符号，表示不同的意义，即使声韵调完全相同，也有可能是不同的词——同音词。

1.声母不同，词不同，如：

你—李→nǐ —lǐ　　　　　　　　爸—大→bà—dà

方—帮→fāng—bāng　　　　　　兔子—肚子→tùzi—dùzi

2.韵母不同，词不同，如：

男—拿→nán—ná   爸—拜→bà—bài

3. 声调不同，词不同，如：

汤—糖—躺—烫   杯子—被子   果酱—过奖

4. 轻声与否，词不同，如：

孙子—孙·子   过去—过·去

买卖—买·卖   地道—地·道

5. 儿化与否，词不同，如：

盖—盖儿   黄—黄儿   清—清儿   尖—尖儿

语音完全相同而意义不同的同音词的存在是一种极端的情况。由于汉语语音的历史演变以及汉语的类型特点，汉语中的同音词现象非常突出，因此在进行词汇教学时，同音词的辨析是不可缺少的，而同音词是兼及语音和词汇两个方面的，比如"要"和"药"、"做"和"坐"、"树木"和"数目"、"越剧"和"粤剧"、"攻势""公式""公示"和"公事"、"期中"和"期终"等。

在教学实践过程中，词语教学的第一步往往就是要领读，通过听和读让学习者感知词语，使学习者建立起语音与意义的正确联系。

综上所述，由于语音是词语的物质载体，语音教学渗透着词汇教学，词汇教学包含着语音教学的成分，所以说语音教学和词汇教学是分不开的。

（二）对外汉语词汇教学与语法教学

现代汉语复合词占优势，复合词不仅是语义的组合，内部也受结构关系的制约，其内部的结构关系与短语的结构关系具有很大的一致性，因此词法的教学也可以促进句法的教学。

句子是由词语组成的，语法借助于词语的有效组合而显示，词汇教学可以促进语法的教学；另一方面，解释词语也不能不讲明其组合能力、句法功能，否则便不是完整的而是跛足的词语教学。比如，"发源"一词，它的意义是"河流从某个地方产生"，它的句法功能除了用作定语如"发源地"外，主要用作谓语，指明江河的来源，其后不直接带宾语，而是在前或在后用介词结构表示河流的起源，常见的结构是"从……发源"或"发源于……"，如

"长江是我国第一大河，发源于青海省；黄河是我国第二大河，也从青海省发源"。又如"遭"是"遇到"的意思，组合对象往往表示的是不幸和不利的事物或境况，如"遭殃""遭罪""遭难""遭劫"等，而不能构成"遭好""遭福"等。

又如有的动词可以进入否定祈使句，有的就不可以，像我们可以说"别走，一会儿还有别的事儿呢"，但不可以说"别疼，明天就好了"，这是因为"走"一类的动词是含有自主义素的自主动词，而"疼"一类的动词是不含有自主义素的非自主动词。[①]在实际教学中，很多语法问题通过词汇教学可以得到很好的解决。

我们知道，汉语复合词的结构与短语的结构规则基本一致，这无疑使词汇教学在无形中对语法教学进行了潜移默化的渗透，使语法教学收到事半功倍之效。

另外，需要指出的是，虚词属于词汇的范畴，词汇研究自然包括虚词研究，而虚词教学当然不可排除在词汇教学之外。从语法化的角度来说，虚词皆由实词虚化而来，虚化的进程也不完全相同，每个词虚实的程度也各不相同，因此不能说虚词只有语法意义而没有词汇意义。另外，虚词的个性很强，不适于"批处理"，只能一个一个地进行教学，因此更适于作为词汇的一部分进行教学。

语法点体现在具体词语的使用上，语法教学不能脱离词汇教学，因此有学者主张语法教学词汇化。"语法教学词汇化"是指用词汇的教学方式进行语法现象、语法结构教学，以词汇教学代替语法教学（语法说明），以词汇教学带动语法教学，"汉语作为第二语言的语法教学，主要不是向学习者灌输语法知识，而是要使他们掌握实际的语法规律，能够正确地运用词语遣词造句，说出和写出语法上合格，语用上得体，语义表达准确的语句。这实际上也决定了汉语作为第二语言语法教学的一些特点：语法教学需要具体化、细化，细化的程度甚至要具体到每个词的用法"。[②]比如动补结构，尤其是双音

---

① 参看马庆株：《自主动词和非自主动词》，载《中国语言学报》编委会编：《中国语言学报（第三期）》，商务印书馆，1988年。

② 吴勇毅：《汉语作为第二语言（CSL）语法教学的"语法词汇化"问题》，《第七届国际汉语教学讨论会论文选》，北京大学出版社，2004年。

节的动补结构适于当作词处理，也就是把整个结构当成一个动词来讲解，例如"变成""解开""举起""写完"等，"由于动补结构翻译成英语或是一个词或很难对译，词汇化处理似乎学生更容易理解。"[1]Dellar也于2004年提出了"寓语法教学于词汇教学"的理念。[2]看来"语法教学词汇化"是中外第二语言教学界的共识。

通过多年的探索和实践，对外汉语教学界越来越注意到词汇教学的重要性和核心性，一些专家学者发出了重视词汇教学的呼声。杨惠元认为词汇教学和句法教学关系密切，提出了"强化词汇教学，淡化句法教学"的主张："所谓'强化词语教学'，是说在整个对外汉语教学中，词语教学自始至终都应该放在语言要素教学的中心位置。"[3]何干俊认为"留学生觉得汉语难学、难记，甚至最终放弃学习，很大程度上是因为词汇的问题。词汇教学在语言教学中占有重要的地位，服务于培养留学生的听、说、读、写的语言技能"，因此，词汇教学应置于重要位置。[4]周上之指出，"从汉语语言事实来看，句法只是词法在句子层面的表现，是词语在句子之内的组配规则。汉语的句法和词语的用法是融为一体的"，"对于汉语语法来说，句法是从词汇的用法中整理概括出来的，词是根本，句法只是词法的抽象。对于对外汉语教学来说，句法和词法的关系是工具和目的。句法教学是为更快地掌握词汇的用法而在一段时间内使用的拐杖"。[5]

（三）对外汉语词汇教学与汉字教学

汉字是词语的书面载体，字形是视觉信息加工的起点，汉字教学不能脱离词汇教学。

---

① 吴勇毅：《汉语作为第二语言（CSL）语法教学的"语法词汇化"问题》，《第七届国际汉语教学讨论会论文选》，北京大学出版社，2004年。
② Hugh Dellar: "Grammar is dead! Long live grammar!", *The Language Teacher*, 2014（7）.
③ 刘智伟、任敏：《近五年来对外汉语词汇教学研究综述》，《云南师范大学学报（对外汉语教学与研究版）》，2006年第2期。
④ 何干俊：《对英语国家留学生汉语教学中的词汇问题的探讨》，《江西师范大学学报（哲学社会科学版）》，2002年第3期。
⑤ 周上之：《对外汉语的词典与词法》，《汉语学习》，2005年第6期。

冯丽萍的研究表明，外国学生的"中文心理词典中存在着字形与词义之间的联接，词汇识别开始于对字形特征的提取，字形加工的结果被传递至意义层次，从而使整词得到识别"。[①] 现代汉字基本上是语素文字，用不同的字形表示不同的意义即语素。语素的音和义也就是汉字的音和义，而语素是构成词语的单位，单音节可成词，语素本身就是一个词。有时从字形上进行辨别可以有效地区别词语的意义，从这个意义上来说，汉字教学与词汇教学可以互相促进。在教授单音节词时，可以把汉字的偏旁部首介绍给学习者，指出偏旁部首与词的语音语义联系。比如，"裁""载""栽"三个字意义不同，都是形声字，声旁相同使三字读音相近，字形相似，这是造成学习者写错字读错音的主要原因；但是三字形旁不同，表明各自的意义类属不同，这对学习者识记字形、理解字义和词义是大有益处的。又如，由于字形相近，"本""末"对于有些学习者来说，不易区分，如果我们写出两字的小篆字形，指出两字都是指事字，不仅可以使学习者豁然开朗，而且可以进一步激发他们的学习兴趣。

汉字是有造字理据的，这个理据就是汉字的造字法，在词汇教学中，我们可以利用造字法对词语的意义和用法做辅助的说明；在汉字教学中，我们可以利用对词语意义的解说来加强学习者对汉字的理解、记忆和使用。

（四）词汇教学的多元融合性

词语是语音、语义、语法的载体，同时也是语用和文化的载体。词汇的这种客观地位决定了对外汉语词汇教学的核心地位，决定了对外汉语词汇教学的复杂性和重要性：除了形、音、义的教学外，还涉及句法、语用、文化等的教学，词汇把其他多种教学元素融为一体，贯穿于整个教学过程之中。语音和语法点甚至通用汉字的数量是封闭有限的，而词汇成员的数量巨大，是一个开放的系统，对学习者来说，词汇学习是整个学习过程的重点，也是继续学习的主要内容。词汇教学也是语篇教学的基础，否则语篇能力很难获得提高。由于词汇教学中渗透了语音教学、汉字教学和语法教学等，涉及教

---

① 冯丽萍：《中级汉语水平外国学生的中文词汇识别规律分析》，《暨南大学华文学院学报》，2003年第3期。

学内容的方方面面，因此与其他方面的教学是相辅相成的。尽管在不同的阶段，教学的重点不同，但词汇教学贯穿了汉语教学的始终。词汇教学处于核心的地位。

从实际偏误的角度上来说，词汇错误被学习者认为是最严重的错误，因为有语法错误的表达通常还可以为人们所理解，但词汇错误却会影响正常的交际。[①]"对第二语言学习者的研究发现，词汇错误比语法错误多。有的研究者认为，要做到简单、明白、流利地传达信息，词汇准确比语法正确更加重要。"[②]词汇教学融语音、语法、汉字教学于其中，具有多元融合性，在对外汉语教学中占有核心地位。

本章小结

汉语作为第二语言的词汇包括词、固定短语以及语块，而语块又包括多词结构、插入语、框架语、关联词语、习惯搭配形式、口语惯用句式。语块教学对学习者提高表达能力、加深对词语和句法的理解以及增强自信心等都具有积极的作用。对外汉语词汇教学的目的是培养学习者理解和运用词语的能力，培养他们的汉语表达能力。词汇教学在整个对外汉语教学中处于核心的地位，与语音教学、语法教学、文字教学、语用教学等密切相关，具有多元融合性。

思考题

1. 你认为对外汉语词汇应有怎样的范围？
2. 对外汉语词汇教学的目的是什么？
3. 对外汉语词汇教学的地位如何？
4. 对外汉语语块有哪些种类？

---

① 李庆燊：《〈词汇神话：第二语言习得研究在课堂教学中的应用〉述介》，《外语教学与研究》，2006年第6期。
② 江新：《词汇习得研究及其在教学上的意义》，《语言教学与研究》，1998年第3期。

5. 你认为语块对对外汉语教学有怎样的意义？

本章主要参考文献

陈万会：《论第二语言词汇研究与教学地位的变迁》，《聊城大学学报（社会科学版）》，2006年第5期。

冯丽萍：《中级汉语水平外国学生的中文词汇识别规律分析》，《暨南大学华文学院学报》，2003年第3期。

何干俊：《对英语国家留学生汉语教学中的词汇问题的探讨》，《江西师范大学学报（哲学社会科学版）》，2002年第3期。

李岩岩：《现代汉语插入语及留学生使用情况研究》，华东师范大学硕士学位论文，2016年。

刘智伟、任敏：《近五年来对外汉语词汇教学研究综述》，《云南师范大学学报（对外汉语教学与研究版）》，2006年第2期。

马庆林：《自主动词和非自主动词》，载《中国语言学报》编委会编：《中国语言学报（第三期）》，商务印书馆，1988年。

邵敬敏主编：《现代汉语通论（第三版·下）》，上海教育出版社，2016年。

苏培成：《关于基本词汇的一些思考》，载《词汇学新研究——首届全国现代汉语词汇学术讨论会选集》，语文出版社，1995年。

王玲：《以"词块理论"为原则的对外汉语教学》，《安徽工业大学学报（社会科学版）》，2005年第4期。

吴勇毅：《汉语作为第二语言（CSL）语法教学的"语法词汇化"问题》，《第七届国际汉语教学讨论会论文选》，北京大学出版社，2004年。

赵振铎：《虚词不能归入基本词汇吗》，《人文杂志》，1959年第3期。

周荐：《汉语词汇结构论》，上海辞书出版社，2004年。

Hugh Dellar: "Grammar is Dead! Long Live Grammar!" The Language Teacher, 2004（7）.

第二章

词语整体释义法

　　词汇教学的首要任务是释义，而释义要求遵循一定的原则。释义的方法是纷繁多样的，从不同的角度可以得到不同的类别。本章主要介绍和说明整体释义法中的具体小类。

第一节 词语释义的原则和词语释义方法的分类

　　词语释义应在一定原则的基础上进行。词语的释义方法种类很多，从不同的角度分析可以得到不同的类别，而这不同的类别之间往往也存在一定的交叉性。

一、词语释义的原则

　　词语释义是词汇教学的重点，而词语的教学方法是决定词汇教学成败的关键因素。科学有效的解释可以使教学效果事半功倍，反之，采用不当的方法、不当的说明，结果只能使学习者一知半解，似是而非，造成辞不达意、错误组合、语用不当等偏误现象的发生。凡此种种，最终导致学习者学习兴趣减弱、信心不足、偏误化石化等不良后果。为保证词汇教学的效率，我们认为应遵循以下原则：

（一）理据原则

　　所谓理据原则，就是要尽可能地使学习者不仅明白词语的意义，而且明白词语为什么表示这个意义。这就是说，不仅要知其然还要知其所以然，因为"知其然"，是人们关注的，"知其所以然"更是人们关心的。当语言经过初始阶段的发展后，新的语言符号基本不再使用早期的音义任意结合方式产生，而是利用既有单纯符号，不断合成新的符号，以满足记录复杂事物和表达复杂思想的需要。对词汇学习而言，通过造词、构词、义素、理据以及构形分析可以了解词语的由来和创造组合特点，经过这样的分析过程，词义会比较清晰地显现出来，对学习者而言，这不仅避免了死记硬背带来的枯燥感和低效率，而且加深了对词义的理解，增强了学习的趣味性，有助于学习效率的提高。

（二）简明原则

解释词语时力求语言浅显易懂，避免生涩和模棱两可。教师首先要尽量使用学习者学过的词语，使他们能够正确地领会和接受，以避免学习者不懂释语导致困惑不解。教师使用的语句要简短，以避免复杂的句子结构给学习者理解带来困难。同时教师应选用精当、生动的例句显示词语的意义及其用法，给学习者提供将词语的意义和用法具体化的鲜活语境。

（三）用法原则

尽管意义的说明在词语教学中是首要的，但用法同样不可忽视。即是说，要使学习者不仅知其义，还要知其用，否则便不是完整的而是残缺的词语教学。词语的用法说明和展示应包括词性、语体色彩、习惯搭配、语用条件、偏误预警等方面。

二、词语释义方法的分类

词语的释义方法从不同的角度可以分为不同的类别，不同方法的选择要根据不同的词语和教学对象而定。

（一）整体法和分析法

这是从是否对词语进行内部解析的角度做出的分类。整体法就是不对词语本身进行内部的构成分析和理据分析，只是把词语作为一个凝固的整体进行意义和用法说明的方法。与此相对，分析法就是对词语的内部构成、词义的理据等进行分析说明的方法，此方法旨在使学习者清楚词义由来的内在根据，淡化对词语的陌生感，增强趣味性，提高对词语进行内部离析分解的能力，从而促进他们自主学习能力的提高。

（二）语言法和非语言法

这是从是否主要使用语言手段的角度做出的分类。非语言法是指借用实物、模型、图画、动作、表情等语言外手段解释词语的方法。具体分为：

1.实物法，即用实物、图画、模型等道具来解释词语意义的方法。

2.演示法，包括幻灯、多媒体等音像的演示和教师动作、手势、表情的演示等。

非语言手段之外的手段就是语言手段，这是一种常规的普遍使用的手段。当然非语言手段一般也离不开语言手段。

（三）语内法和语际法

这是从解释用的语言是否超越一种语言的角度做出的分类，具体包括：

1.语际法，指以学习者的母语或共通语为手段讲解词语的方法，包括：

（1）词语的对译，即用学习者的母语或共通语翻译目的语词语。

（2）用学习者的母语解释说明，即以学习者的母语或共通语作为解释语。

2.语内法，语内法是指用学习者的目的语解释目的语的方法。语内法包括的具体方法很多，也是在初级阶段以后惯常采用的方法，如定义法、同义法、列举法、语境法，等等。

（四）单动法和互动法

这是从教学对象的参与程度的角度做出的分类，包括：

（1）单动法，就是教师讲解，学习者被动接受的方法。这是一种较常采用的方法，尤其是对一些简单的词语是比较适用的，如"教室""老师""汉语"等。

（2）互动法是指教师通过积极有效的启发和引导，鼓励学习者参与，由学习者自己发现并总结规律的方法，从过程上可以分为学习者猜测和教师归纳两个步骤。互动法的积极意义在于不仅发挥了学习者的能动性，使他们自觉地寻求词语的意义并牢固地记忆，而且培养了他们良好的自学词语的意识和能力，所以应尽可能地给他们创造条件，变被动的接受为主动的探求。

上述我们从四个角度对词语讲解方法的分类不是穷尽性的，还有其他角度的不同方法，这里不一一列举了。这些方法之间存在着交叉关系，即一种方法从不同的角度可以归入不同的类别。比如"定义法"从是否分析内部构成的角度上来说属于整体法，从采用的手段是否为语言形式的角度上说可以归入语言法，从语内语际的角度上可以归入语内法也可以归入语际法，从接受主体的参与度上来说，又可以归入单动法。下一节我们将对整体法展开说明，第三章将具体讨论分析法。

第二节　整体释义法

　　所谓整体释义法是指不对词语本身进行造词、构词、义素、理据和构形分析，只是把词语作为一个凝固的整体进行释义和用法的说明和展示。本节主要通过实例介绍整体释义法中的具体方法，不同的方法有不同的适用对象，也有各自不同的优势。

一、直接法

　　直接法就是不通过任何间接迂回的途径而是直接用目的语或其他形象的手段使学习者获知词义的方法。根据采用的具体方式的不同，又可分为直观法和定义法。直观法就是用实物、图片、幻灯或肢体语言等形象化的教学手段来解释词义的方法，这种方法直观、形象，简单易懂，一目了然，大多数名词，尤其是表示具体事物的名词一般可以用这种方法，如"黑板""门""粉笔""窗户""书""大楼"等。对于一些颜色词，我们可以通过彩色粉笔、教室里的一些物品或者学习者服饰的颜色来认识词义。一些常用的动词如"跑""跳""蹲""喝"等，教师可以亲自做出这些动作来让学习者获知词义。一些常用形容词也可采用此法，如"晴""阴""高""低""大""小"等。

　　如果一些词语不便用直观法显示词义，而这些词解释起来又不是很复杂，那么就可以使用定义法。所谓"定义法"就是用定义解释词义的方法，比如"爷爷就是爸爸的爸爸""后天就是明天的明天"。使用这种方法切忌直接将以母语使用者为对象的语文词典上的解释照搬过来，因为词典中的释语可能含有学习者不熟悉的词语或他们感到陌生的语法结构，这样会影响他们的理解，因此教师可以以词典的解释为基础，进行再加工，使释语简单、明确，以便于他们的理解和消化，比如"噎"在词典上的解释为"食物堵住食管"，可是其中的"食管"是术语，比较专业化，学习者不一定理解，因此可以直接解释为"食物堵住嗓子"，这样更通俗易懂。[①]

二、翻译法

翻译法就是利用学习者母语或某种共通语对词语进行翻译或解说的方法。对一些意义比较抽象的词语来说，如果用汉语解释，可能要费大量口舌，占用较多时间，即便如此，也未必能解释清楚。如果运用翻译法就会比较简单方便，快捷省事，易于初学者理解词义，如"观点""出版""电子"就可以直接以"viewpoint""publish""electronic"来对译。对于翻译法的作用，一些学者给予了积极的肯定，对一些学习者，特别是初学者，翻译法能提高效率，Nation、Grace、Hustijn 的研究证明了这一点。[②]

翻译法有其积极作用，但是其局限性也是不容忽视的。不同语言的词语之间不是完全对应的，它们在外延、内涵以及词语搭配等方面往往存在着差异，如汉语中的"姨""姑""婶母""伯母""舅母"等，在英语中只用一个"aunt"来表示，这几个词就不适于用翻译法，而比较适于用定义法。我们知道，"再"和"又"都可以翻译成英语的"again"，但如果这样简单地翻译给学习者，两个词之间的差异就被忽视了，结果势必使学习者造出"老师我没有听懂，请你又说一遍"，"他昨天没买到，今天再来了"的不合语法的句子。又如"会"和"知道"都可以翻译成英语的"to know"，但教师讲解的时候，不能如此简单行事，因为会造成学习者对两个词的混淆，出现以"我不会"来回答老师"哈里今天为什么没来"这一问题的现象。因此当学习者有了一定的基础后，应尽量使用目的语，以免发生语义理解和使用上的偏误，同时也可以避免学习者对母语的依赖，影响目的语语感的形成。

---

① 参看张建新：《阅读教学中词汇教学的原则和方法》，《语言与翻译》，2005年第4期。

② 参看李庆燊：《〈词汇神话：第二语言习得研究在课堂教学中的应用〉述介》，《外语教学与研究》，2006年第6期。

三、语义系联法

语义系联法就是通过词语语义之间的联系来进行解释的方法，具体包括同义法、反义法、多义法、上下义法和整体部分义法等。

（一）同义法

同义法是建立在词与词或词与语同义的基础上的，其中主要是针对词与词之间的同义关系采用的方法。同义词包括传统所说的等义词和近义词，前者如"相貌"和"长相"、"互相"和"相互"、"大夫"和"医生"、"西红柿"和"番茄"、"道"和"路"等。等义词在汉语中为数不多，近义词则大量存在，如"肥"和"胖"、"减弱"和"削弱"、"遭到"和"遇到"、"憧憬"和"向往"、"吝啬"和"小气"、"轻率"和"草率"、"商量"和"商榷"、"买"和"购买"、"路"和"道路"、"看"和"观看"等。面对一个生词，应尽可能地利用学习者学过的相应的同义词进行解释，这样可以淡化学习者的生疏感，而且成对地记忆，会建立起新知与已知之间的关联，收到温故知新的良好效果。

我们知道，同义词是在词的范围内通过语义比较确定出来的，如果进行比较的几个语言单位跨越了不同的层级则不构成同义词的关系，比如"马虎"和"不认真"、"沉默"和"不说话"、"弯曲"和"不直"、"丑"和"不漂亮"等就不是同义词关系，因为后面的结构是短语而不是词，不属于语言单位的同一层级。可是在教学实践中，我们也常常通过对一个词加上否定形式来与另一个词建立同义关系，以说明词语的含义。在语文词典中也常用这种方式进行释义，如"呆板：不灵活"，"愚蠢：不聪明"等，实践证明，这是一种比较有效的方法。在这一意义上，我们将一个词和与其具有同义关系而又包含否定词的短语称为教学同义词，这是从教学角度对同义词关系的范围进行的扩大，是一种权宜的考虑，而非本体的界定。

（二）反义法

所谓反义词是语法意义相同而词汇意义相反的一组词，包括绝对反义词和相对反义词两类，前者指意义内容完全相互排斥，即在逻辑上存在矛盾关系的一组词，如"死"和"活"、"动"和"静"、"男"和"女"、"白天"和"晚上"、"出席"和"缺席"等；所谓相对反义词是指意义内容并不完全相互排斥，即在逻辑上存在反对关系的一组词，如"黑"和"白"、"漂亮"和"丑陋"、"好"和"坏"、"大"和"小"、"上游"和"下游"等。如果学习者已知一对反义词中的一个，那么教师就可以通过反义关系进行新词的说明。构成反义关系的复合词在语素上往往有一些特点，一种情况是全部语素的意义也相反或相对，如"高贵"和"低贱"、"高雅"和"低俗"，其中的语素"高"和"低"、"贵"和"贱"、"雅"和"俗"也分别构成反义关系；另一种情况是只有一个语素相反或相对，彼此构成反义关系，另外的语素则相同，如"内行"和"外行"、"上游"和"下游"、"软件"和"硬件"等。还有一种反义词也是有标记的，这个标记是前缀"非""反"等，如"金属"和"非金属"、"革命"和"非革命"、"物质"和"非物质"、"合法"与"非法"等。指出这些特点，便于学习者接受、理解和记忆。学习者在了解了生词的词义的同时也知道了它的反义词，这非常有利于词汇量的扩大。

以上我们分别讨论了利用词语的同义关系和反义关系进行教学的问题，事实上，我们也经常同时利用词语之间的这两种关系对生词进行解释。有些词典的词语释义有时就采用这种方法，如"陌生：生疏；不熟悉""润泽：滋润；不干枯""粗疏：不细心；马虎""迟缓：缓慢；不迅速""愚蠢：愚笨；不聪明"等。而"模糊：不分明；不清楚""动摇：不稳固；不坚定""冷淡：① 不热闹；不兴盛　② 不热情；不亲热；不关心""生硬：不柔和；不细致"等，[①]主要利用的是反义关系说明法，用来释义的两个反义短语构成的则是同义关系。同义、反义并用法体现了同义、反义关系的转化关系，如"愚蠢"和"不聪明"是同义关系，而"不聪明"中的"聪明"则与"愚蠢"构成了反义关系，正如数学中加减法的关系一样：加上一个负数等于减去一个正数。

（三）多义法

多义法就是利用一个词多个义项之间的衍生关系进行词义说明的教学方

---

① 中国社会科学院语言研究所词典编辑室：《现代汉语词典（第7版）》，商务印书馆，2016年。

法。所谓多义词就是一个语音形式具有多个有联系的义项的词。面对课文中出现的一个多义词的新义项，如果已经学过其中的一个义项，可以联系起来一起讲解，但课文中未出现，以前也未学过的其他义项不宜涉及，待逐渐积累多了以后再进行归纳。对多义词而言，基本义是使用频率较高的，在各个义项中居于主要地位，应该加以强调。同时，词的本义作为一个词存在的最初意义是其他义项的基础，是各个义项的衍生之根，抓住了本义，就可以将义项之间的关系理顺，便于理解、记忆和使用。一般义项的衍生顺序是由具体到抽象，因此给学习者整理这些义项的时候也应遵守这样的自然顺序，以便于把握义项的来龙去脉。比如"深"除了作为"姓"之外，还有八个互有联系的义项：

① 从上到下或从外到里的距离大。如：水深。

② 深度。如：这口井有三米深。

③ 深奥。如：深奥的知识。

④ 深刻；深入。如：印象很深。

⑤（感情）厚;（关系）密切。如：深情。

⑥（颜色）浓。如：深绿。

⑦ 距离开始的时间很久。如：深夜。

⑧ 很；十分。如：深信不疑。

这八个义项中，第一个义项是基本义和本义，是其他义项产生的根本；第二个义项仍属于意义比较具体的范畴；第三、四、五、六、七义项都是在具体意义基础上引申发展出来的抽象语义；而第八个义项的副词功能则是进一步虚化的结果。

（四）上下义法和整体部分义法

1. 上下义法

上下义法就是通过具体列举下义词来解释上义词意义或通过上义词解释下义词的方法。例如在解释"水果"一词的意义时，我们可以列举出常见的水果名称，如苹果、香蕉、橘子、菠萝、西瓜、葡萄、桃子、梨等，告诉学习者这些都是"水果"。又比如解释"土豆"时，教师告诉学习者这是一种蔬菜，然后说出这种蔬菜的外部特征是"圆形或卵圆形，有皮，一般为淡黄色，有的上面有斑点"，其口感柔软等。这种方法与定义法密切相关。

2. 整体部分义法

整体部分关系词是词义系统中的一种聚合类。如果一组词表示的是事物的整体和组成部分之间的关系，那么这样的一组词称为整体部分关系词，如"衣服"和"领子""袖子"等。整体部分关系词是可以互释的，如"手"包括"拇指""食指""中指""无名指""小指""手掌""手背"等，当然"手"的任何一个组成部分也可以通过整体词"手"来得到解释。

上下义词和整体部分义词的区别是：上义词和下义词是一般和个别的关系，每一个下义词所表示的事物现象都是上义词所表示的事物现象中的一种；而整体词和部分词则是整体和部分的关系，每一个部分词所表示的事物现象不是整体词所表示的事物现象中的一种。

（五）注意事项

语义系联法是利用词义之间的聚合关系进行词语释义的方法，积极作用在于学习者所要掌握的新词新义是在旧词旧义的基础上展开的，对学习者而言，这些意义不是完全陌生的，而是自然地利用已学的相关知识进行温故知新而获得的，同时通过同义、反义、多义、上下义和整体部分义的词义关系可以加强理解和记忆的效果，这种语义系联也有助于准确而生动地进行篇章表达。但是任何方法都不是十全十美的，语义系联法在使用过程中也有一些需要注意的方面：

1. 使用条件很重要，解释一个新词，用于解释的相关词不能也是新的，也就是说，解释新词或新的义项，一定要在学习者已经掌握相关反义词、同义词或有关义项的基础上进行，否则不便于进行系联，因为这等于增加了另外一个新词，无形中增加了学习压力，甚而至于会使学习者产生挫折感。

2. 用同义词解释还要注意同义词语的句法功能、习惯搭配、感情色彩等的差异，如"顽固"是贬义词，"执着"是褒义词；利用反义词解释还要注意义项的对等，如"深"是一个多义词，在不同的义项上有不同的反义词，如"深"和"浅"、"深"和"淡"；又如"淡"在颜色上与"深"构成反义词关系，而在含盐量的多少上，则与"咸"构成反义词关系。

四、比较法

对于词语而言，比较法一般多用于同义词的辨析中。同义词对外国学习者来说是一把双刃剑，它既是了解生词词义的钥匙，又是准确理解和使用的障碍。汉语中的同义词比较丰富，同义词的比较在对外汉语教学中不可避免地成为常用的方法。同义词可以从以下几个方面进行辨析。

（一）基本意义

同义词的意义范围不同。"近来"和"近期"两个词，前者表示过去不久到现在的一段时间，不能表示从现在开始的切近的将来的时间；而后者表示最近的一个时期，可以是过去不久到现在的一段时期，也可以是从现在到不久的将来的一段时期。"近期"的范围大于"近来"的范围。"湖泊"和"湖"的区别则体现在集合概念和个体概念的不同上。

同义词存在着语义轻重之别。"感激"和"感谢"、"傲慢"和"高傲"、"批判"和"批评"、"绝望"和"失望"，都是前者的语义强于后者。

同义词也有侧重点的不同。"才能""才干"和"才智"三个词，"才能"侧重有知识和能力，"才干"侧重工作和办事的能力，"才智"指才能和智慧。又如"播种"和"栽种"，前者重在"播"，后者重在"栽"。

（二）感情色彩

"成果""结果"和"后果"三个词，都指事物发展到一定阶段所达到的最后状态。"成果"多用于事物顺乎发展规律而达到的最后状态，是褒义词；"后果"多用于言语和行为违反事物的发展规律而产生的结果，是贬义词，因而多用在"坏"的方面；而"结果"则是中性词。"果断"和"武断"、"鼓励"和"煽动"，都是前者为褒义词，而后者为贬义词。

（三）词性

有的一组词基本意义相同，但词性不同，相应的语法功能也不完全相同，如"偶尔"和"偶然"，前者是副词，只能作状语，如"偶尔来一次"；而后者是形容词，可以做定语、谓语、状语等，如"偶然因素""这样的事特别偶然""偶然问起这件事"。"智慧"和"聪明"都是指人的智力发达，但前者是名词，后者是形容词。"刚才"和"刚刚"都可以作状语，但前者是名词，后者是副词。

兼类词在语义上有密切联系，所不同的是它们之间存在功能上的差异。采用比较法对它们的功能进行比较，便于学习者深刻领会每一种功能意义，比如可以把一个兼类词的不同功能在一个合适的句子中集中体现出来，如：

张艺谋是一位著名的导演，他导演了很多优秀的影片。

他是报社的一位编辑，每天要编辑很多稿件。

我们的领导对大家都很好，他很会领导大家。

他作为我们的代表，代表大家提了很多意见。

（四）用法

有的同义词基本语义相同，词性也相同，但用法却是不同的。这就需要进行比较，否则学习者理解了词义，仍然会发生用错的情况，这等于没有学会这个词。

有的同义词对句类有不同的要求。"赶忙"和"赶快"都是"抓紧时间，又急又快做某事"的意思，都是副词，作状语，但"赶忙"只用于陈述句，"赶快"用于祈使句，如：

看到爸爸回来了，他赶忙跑了过去。

赶快走，要下雨了。

一组意义相近的词，在是否要求某些词语的共现上也有差别，副词"万万"和"千万"的不同在于前者多与否定副词"不""别"连用，而"千万"则不受此限，如"万万不可轻举妄动""开空调万万别用这种模式"，"千万别乱来""千万要注意"。

同义词在搭配对象上也不尽相同，如"执行"和"履行"作为一对同义词，在搭配的对象上就有各自的分工，如"执行公务（任务/计划/命令）""履行职责（义务/协议/诺言）"等。[1]"改正"和"改善"也是一组同义词，两者分别与"缺点""错误"和"生活""条件"等搭配。

五、对比法

不同语言之间总会有一些对应词语，在书写形式上一些语言之间也会有同形或近形的现象。跨语言的同类项之间的对比方法就是对比法。不同语言之间存在着的对应词语，是指不同语言中所表达的概念基本相同和相当的词语，如汉语的"书"和英语的"book"，日汉同形词中的"一""千""山""水""松""哲学""電子（电子）""手術（手术）"等意义也都相同，这对学习者来说，是有利的因素。应该说，不同语言的词汇系统中，基本对应的词语是大量存在的，否则不同语言之间的翻译和交流便难以实现。但是并非所有的对应词语都完全等值，这就需要认真地加以对比，以避免负迁移现象的发生。

（一）意义不完全相同

1. 在指称的范围上，汉语大于外语

汉语的"还"对应英语的两个词"besides"和"except"，"工厂"对应英语的四个词"factory""mill""works""plant"，"看"在不同的情况下对应不同的词语：look（你看）、read（看书）、watch（看电视）、seem（看起来）、understand（看懂）、visit（看望）。对于上述对应词语，把汉语作为外语的学习者只需掌握"还""工厂"和"看"就可以了，容易接受。又如汉语的"保险"有"保险，保险业""安全，可靠""保证""绝对，一定"四个义项，而韩语只有其中的第一个义项。

2. 在指称的范围上，汉语小于外语

英语的"old"对应汉语的"老"和"旧"，"rice"对应汉语的"饭""米"和"稻谷"，"carry"对应汉语的"背""带""挑""扛""拿"等，这对以英

---

[1] 张丽娟、李芳芳：《对外汉语教学中的同义词辨析》，《台声·新视角》，2005年第11期。

语为母语的学习者来说，学习起来有一定的难度。比如有的学习者会造出这样的句子：

*晚上我很饿，吃了三碗大米。

*我看到田里种了很多米饭。

上述偏误就是由于英语的"rice"与汉语相应词语的不完全对应而产生的。"放学"一词在韩语中相当于汉语的"（学期结束后的）放假"。

3.汉外词义基本相同，在附加色彩上存在细微差别

此种情况如日语的"単純"是"簡単で複雑でないこと"的意思，汉语的"单纯"是"简单，不复杂"的意思，两者词义相同，但日语的"単純"有"想法肤浅"的贬义色彩在内，如"彼女は頭が単純な女です"，即"她是一个头脑简单的女人"，而汉语的"单纯"则含有"纯洁"之义，如"她是一个单纯的女孩"。

（二）搭配对象不同

不同语言之间的对应词语各自习惯搭配的对象也不尽相同，比如汉语说"风大"，韩语说"风强"，英语说"风重"（heavy）；汉语说"年龄大"，韩语说"年龄多"，英语说"年龄老（old）"等。又如"莫大"是日汉同形词，词义相同，但修饰的对象不同，日语的"莫大"主要修饰表示"金钱""利害关系"等的词语，如"莫大な損害（极大的损失）""莫大な金額（巨额资金）"，与此相对，汉语的"莫大"则主要修饰表示情感、精神等方面的词，如"莫大的幸福（この上ない幸せ）""莫大的鼓舞（最大の励まし）"。

（三）同形词差异

由于历史原因，韩国语、日语与汉语有着密切的联系，这就形成了一种特殊的语言现象，韩国语和日本语中都存在着大量的汉字词。其中，与汉语的书写形式完全相同的词就构成了同形词，这些同形词在意义上有各种复杂的关系，有的意义完全相同，有的存在细微差别，有的意义迥然不同。特别是意义完全不同的同形词尤有必要加以强调，否则这些词极易被误解和误用。比如在日语中"手紙"指汉语的"书信"，"新聞"是汉语的"报纸"的意思，"勉強"是汉语的

"学习"的意思，"娘"是"女儿"的意思，"丈夫"是汉语的"结实"的意思。又如在韩语中"学院"是汉语"补习班"的意思，"背心"是汉语"背叛"的意思，"操心"是汉语的"小心"的意思，"告诉"是汉语的"起诉，控告"的意思，"过年"是汉语的"（姑娘）过了结婚年龄"的意思，"清楚"是汉语的"（容貌）清秀"的意思，"结实"是汉语的"果实，成果"的意思。

六、语境法

关于语境，学术界的定义不尽相同。一般来说，语境就是语言使用的环境，包括狭义的上下文语境和广义的情景语境。

语境有大有小，大到篇章，小到一个短语，都可以是自足的。概括地说，语境具有解释功能和制约功能。解释功能使语义明确化，制约功能是指语言的使用受到交际话题、场所、参加者等因素的影响。

语境对词汇教学具有重要的意义，由于词义具有模糊性和概括性，因此它可以明确词义和词性，也可以显示词语的搭配习惯以及语体使用风格等。

克拉申（Krashen）指出，人类获得语言的最重要的方式是对信息的理解，通过吸收可理解的输入信息来获取语言知识。因此教师使用的语境应该事先精心选择或设计，尽量使其与学习者的生活、学习密切相关，或与他们的兴趣、需要有关，做到真实可感，也就是使学习者在有用的新信息的接收中体会词义和用法，这样他们不仅可以比较准确地理解词语的含义，而且通过信息和情景的串联，可以对所学的词语知识有深刻的记忆。吴伯萧在《歌声》中的一段话可以说明这样的道理："感人的歌声留给人的记忆是长远的。无论哪一首激动人心的歌，最初在哪里听过，哪里的情景就会深深地留在记忆里。环境，天气，人物，色彩，甚至连听歌时的感触，都会烙印在记忆的深处，像在记忆里摄下了声音的影片一样。那影片纯粹是用声音绘制的，声音绘制色彩，声音绘制形象，声音绘制感情。只要在什么时候再听到那种歌声，那声音的影片便一幕幕放映起来。"[①] 记住信息，便容易记住词语等知识

---

① 吴伯萧：《歌声》，《吴伯萧散文选》，人民文学出版社，1983年。

点，而信息的提供是在语境中得到完整实现的。

词汇教学要讲解词语的意义、用法、与其他词语的联系，使学习者了解词义、掌握用法、弄清区别和联系。一般说来，词义可以在词典上查到，而用法、限制、区别和联系，词典一般很少详加说明，或根本不予说明，而词的用法是在具体的语言环境中体现出来的。实践证明，语境条件下的词汇学习优于无语境条件下的词汇学习。

典型例句释义法是语境法的一种。在实际教学中，教师先出示例句，让学习者通过例句领悟词语的意义，然后让学习者做替换练习或模仿造句，或是教师提出恰当的问题，使学习者不用这个词就不能准确表达自己的意思，"逼迫"学习者非用这个词不可，从而达到理解会用的目的。

短语可以说是最小的语境，有的词，特别是一些语义抽象的词，不便讲解，也不好理解，将一个词和习惯搭配的词语组合成短语整体展示给学习者，学习者会比较容易领会其意义和用法，如"凭"的意义是"根据、依靠、借着"等，语义抽象，不易为学习者所理解，如果把"凭"放进短语中，意义和用法就会同时显现出来，如"凭票入场""凭听课证领教材""凭能力吃饭"等。

多义词和同形词都是用相同的形式表示多个意义，如果与不同的词搭配，在语境中意义就会变得具体化和明确化。如"扣"在"扣扣子"中是"套住或搭住"的意思，在"把碗扣在桌子上"中是"器物口朝下放置或覆盖别的东西"的意思；在"扣帽子"中是"比喻安上（罪名或不好的名义）"的意思；在"把他扣了七天"中是"扣留；扣押"的意思；在"扣除""扣分"中是"从原数额中减去一部分"的意思；在"扣球"中是"用力朝下击打"的意思。[①] 又如"打球""打车""打电话""打毛衣""打今天起"等，结合的词语不同，"打"的意思也就不同。

同义词也可以用短语语境进行区别，即通过不同的词与其他词语的不同组合形式明确各自的词义及功能，如动词"保存"和"保持"分别可以组成短语"保存照片""保存资料""保存收据""保存证据"和"保持联系""保

---

① 参看成燕燕：《语素释义说略》，《伊犁师范学院学报》，2005年第4期。

持畅通""保持热情""保持健康""保持状态""保持关系"等，通过短语可以看出，"保存"后接具体名词作宾语，而"保持"后接抽象的动词、形容词和名词作宾语。

功能释义法也可算作语境法。这种方法对口语词语或结构的教学最为有效，因为这些词语和结构的分析性和理据性不明显，趋于习语化，只能从功能上整体把握，如"你看你""不怎么样""好了好了""得了"等。比如"大……的"强调某种条件不适合做某事，如"大周末的，起来那么早干什么？""大过年的，别说这些了。""大领导的，怎能说出这样的话呢？""大老远的，就别跑过来了。"这些口语词语和结构所蕴含的意义和功能只有在语境中才能得以很好地显现，效果强于枯燥、抽象的说明。

情景法也是语境法的一个重要形式。教师在课堂上可以将准备好的语境提供给学习者，让学习者用生词表达出来，如在讲解"管用"这个词时，我们提供了这样的语境："假如你感冒了，吃了药后，你的感冒好了，这种药是有效的，那么我们可以说这种药怎么样？"学习者很容易就能回答出来："这种药很管用。"又如对"A倒是不A，只是……（这次的考试题难倒是不难，只是时间不够用）"结构，我们提供这样的语境："你到商场里买衣服，挑选了一件，想了半天，最后没有买，是因为它很贵吗？"要求学习者用上所学句式回答，他们一般都能很好地表达出来："贵倒是不贵，只是款式我不太喜欢。"

这里需要强调的是，要善于捕捉和利用即时语境或现场语境。笔者在讲解"大……的"的意义和用法时，时值冬日，见一个学习者穿着拖鞋走进教室，便借机发挥："大冬天的，你穿着拖鞋不冷吗？"现场语境是学习者切实可感的语言环境，学习者身临其境，感悟深刻，有亲切感，而且能活跃课堂气氛，印象深刻，不容易遗忘。

教师在辨析同义词时，为了集中显示同中之异，宜将一组目标词同时呈现在一个具体的语境中，让语境发挥其明确具体语义的作用，这种方法的好处是区别度高，我们称为语境同现法。比如在讲解"认识""了解"和"理解"这组同义词时，可以使用下面的语境：

我不认识她，她的事也不了解。所以，我不理解你为什么问我，你可以去问问其他的人。

另外，教师在讲解过新学的词语后，可在当堂或其他时间里，尽量用上已学词语，利用即时的鲜活语境，提高词语的复现率，强化理解、记忆和使用。

七、文化含义阐释法

文化含义阐释法就是通过不同语言之间所反映出的文化差异来解释词语之中所蕴含的文化因素的方法，这种方法可以有效地揭示词汇的民族性。这种方法也可以看作对比法的特例。

不同民族不同的历史文化和审美意识，往往可以通过词义折射出来。比如在颜色词方面，不同的语言所使用的词语不完全相同，蕴含其中的文化含义也不相同。汉语中存在着特有的指别颜色词，如"国防绿""军绿""葱芯绿""鹦哥绿""碧绿""水绿"等。汉族人喜欢红色，红色象征喜庆、革命、幸福、吉祥、欢乐、热烈等，如"一颗红心，两种准备""红色政权""红运""满堂红"，而哈萨克族人喜白色，认为白色象征着纯洁、真挚和坦诚，所以他们把衷心说成"一颗白心"。[①]

汉语强调人不同于物，许多相同范畴的意义内容因人与动物的区别而使用不同的词语，如用"男女"表示人的性别，用"雄雌""公母""牡牝"表示动物的性别，而英语则统一用"male"表示"男""雄""公""牡"，用"female"表示"女""雌""母""牝"。

又比如狗在汉语中往往是卑贱、奴性、谄媚的象征，因此有"狗眼看人低""狗腿子""狗仗人势""人模狗样"等固定短语，但英吉利民族却很喜欢狗，因此有很多关于狗的褒义词，如"a lucky dog"（幸运儿）、"work like a dog"（努力工作）、"a big dog"（大人物）、"love me, love my dog"（爱屋及乌）、"Every dog has his day"（每人都有出头日），等等。正如张志毅、张庆云所言："每一个词都是语言学的微观世界，都是文献、文化的缩影。"[②]

---

① 成燕燕：《语素释义说略》，《伊犁师范学院学报》，2005年第4期。
② 相关内容请参看第四章第三节。

以上我们介绍了七种整体释义的方法，在实际教学中，这些方法往往不是单一使用的，而是综合运用的。

本章小结

词语释义应遵循理据原则、简明原则和用法原则。词语的释义方法从不同的角度可以分为不同的类别。整体释义法包括直接法、翻译法、语义系联法、比较法、对比法、语境法以及文化含义阐释法等，这些方法具有一定的交叉性。不同的方法适用于不同的词语和教学对象。

思考题

1. 词语的释义有哪些原则？

2. 词语释义方法的种类有哪些？

3. 整体释义法包括哪些具体方法？

4. 语境法有哪些具体的形式？

5. 你有哪些更为有效的词语释义方法？

本章主要参考文献

曹炜：《现代汉语词义学》，学林出版社，2001年。

成燕燕：《语素释义说略》，《伊犁师范学院学报》，2005年第4期。

马庆林：《自主动词和非自主动词》，载《中国语言学报》编委会编：《中国语言学报（第三期）》，商务印书馆，1988年。

刘中富：《实用汉语词汇》，安徽教育出版社，2003年。

陆俭明：《对外汉语教学中的词汇教学问题》，《语言学问题集刊（第一辑）》，2001年。

孙燕青：《语境与第二语言词汇学习》，《宁波大学学报（教育科学版）》，2000年第5期。

张建新:《阅读教学中词汇教学的原则和方法》,《语言与翻译》,2005年第4期。

张丽娟,李芳芳:《对外汉语教学中的同义词辨析》,《台声·新视角》,2005年第11期。

周健:《英汉对比分析在基础汉语教学中的作用与价值》,载周小兵,朱其智主编:《对外汉语教学习得研究》,北京大学出版社,2006年。

朱英月:《〈汉语水平词汇等级大纲〉中的中韩同形词比较分析》,载柳英绿,金基石主编:《对外汉语教学的理论与实践》,延边大学出版社,1997年。

第三章

词语分析释义法

根据造词法、构词法、义素构成法、理据及构形法进行词义说明的方法属于分析释义法。在掌握了一定数量的基本词语以后，中高级阶段的学习者识记词汇就会逐步摆脱初期整体认知和储存的方式，代之以分解式。汉语的造词法、构词法、义素构成法、理据、构形法等都是词语内部成分与整体语义发生联系的规律，学习者掌握了词的创造和结构规律、义素的构成以及理据来源情况，就等于拥有了一套学习词语的"利器"，"工欲善其事，必先利其器"。

第一节　造词分析释义法

造词法研究比起构词法来要薄弱得多，但是造词问题在社会生活中更具有广泛性，一般人对造词问题的关心远甚于对构词问题的关心。造词法就是创造新词的方式和方法。通过造词法的分析，不仅可以使学习者了解词的产生机制，便于他们的理解和记忆，同时也可以提高他们的学习兴趣。汉语造词法到底有多少种类，至今还没有一个公认的完善的体系，本书在各家体系的基础上做了大致的归纳。

一、音义任意结合造词法

语音和语义任意结合为事物命名的方法就是音义任意结合造词法，是最早的造词手段，在语言发展的初始阶段普遍使用，所创造的都是单纯的语言符号。一般认为，用这种方法创造的词没有理据，音义之间没有任何内在联系，是社会成员约定的结果。比如最初把"山"叫做shān，没有任何理由，假如把"山"叫做"hǎi"，也未尝不可，但是称为"shān"以后，全社会都习惯了，就一直沿用下来。这就是为什么同样的事物，不同的语言用不同的词语表示，如英语就把"山"叫做"mountain"，这说明，语音形式和所表示的意义之间的联系是人为的，不是必然的。语言中最早产生的一些词，往往就是用这种方法创造出来的。如：

人　手　足　头　口　日　月

树　山　石　牛　草　大　小

一　二　千　百　走　笑　说

玲珑　徘徊　逍遥　秋千　参差

这种造词法在现代造词活动中几乎不再使用。这是因为随着社会和语言的发展，造词材料和造词方法越来越丰富，人们的造词心理和使用心理都要求造词须有"得名之由"。大多数基本词汇中的词都是音义任意结合造词法所造。

这种音义任意结合造词法所造之词，由于其具有常用性、普遍性和较强的作为造词材料创造新词的能产性，大多表示常见的具体事物和行为，因此容易为学习者理解，一般宜采用直接释义法或展示实物、动作表现的直观法；作为入门的基础词语，学习者需要对这些词牢固掌握。

二、摹声造词法

描摹事物发出的声音从而创造新词的方法，就是摹声造词法。该方法创造出来的词大致分为以下几种：

1. 用动物发出的声音为其命名的名词，如：

猫　牛　鸡　蛙　布谷　鸭　鹅　知了　蝈蝈　蛐蛐

2. 摹拟事物和动物发出的声音的拟声词，如：

砰　哗啦　当啷　轰隆　乒乓　噼里啪啦　咣当　喵　嗡嗡　汪汪

3. 摹拟人感叹、呼唤以及应答的声音的叹词，如：

啊　唉　哎呀　嘿嘿　呵呵　哦　嗯

4. 摹拟人说话时的音感形象的动词，如：

叽咕　咕哝　叽里咕噜　嘟囔　吭哧

5. 摹拟外族语言中某些词的声音的音译词。与以上几种摹声词不同，音译词摹拟的是外语词的声音，如：

咖啡　沙发　吉普　巴黎　马拉松　巧克力　麦当劳　肯德基　冰淇淋
可口可乐　克隆

由于摹声词都是以现实的声音或语音为基础进行的近似的摹拟，因而不同语言之间的拟声词在语音上存在程度不同的相近性，比如牛叫声"哞"，英语是"moo"，猫叫声"喵"，英语作"mew"，钟表的"滴答"声，英语作"tick-tock"，教学中可进行适当的对比，当然功能上进行对比也是必不可少的，比如汉语的拟声词多作状语修饰动词，而英语的拟声词多作动词和名词用，从以下两例中可见一斑：

溪水哗哗地流。The stream went gurgling on.

她的心扑通扑通地跳。Her heart went pit-a-pat.

对于音译词，应指明源出的外语词，这有助于学习者的理解。

三、音变法

音变法就是在既有词的基础上通过改变语音从而创造新词的方法。汉语通过儿化改变词义创造新词就是一种音变造词，如：

盖——盖儿（gàir）

塞——塞儿（sāir）

扣——扣儿（kòur）

黄——黄儿（huángr）

尖——尖儿（jiānr）

声调改变也是一种音变造词，如：

好（hǎo）——好（hào）

磨（mó）——磨（mò）

冲（chōng）——冲（chòng）

种（zhǒng）——种（zhòng）

钉（dīng）——钉（dìng）

凉（liáng）——凉（liàng）

对音变法所造之词在教学中应注意比较，比如儿化音变由原来的动词或形容词变为具有该动词功能或形容词性状的名词，可以在例句中展示音变前后的词义和句法功能变化，如：

鸡蛋黄儿是黄色的。

把衣服扣儿扣上。

又比如变调造词，也可采用此法，如：

他是一个好学习的好学生。

四、说明法

说明法就是通过对事物现象加以描摹或说明从而创造新词的方法，如人们要为"一种食用非常方便的面条"命名,认为它的突出特点是"方便",是一种"面条",因而选择"方便"和"面"作为构词成分,对这种面条加以描写说明,"方便面"一词便产生了。这种方法是创造新词的主要方法。

人们选用既有的造词材料,依据各种形式,把对事物现象的认识固定为词,这样就形成了结构多样的复合词,如联合结构的"语言""群众""智慧",偏正结构的"黑板""教室""微笑",主谓结构的"地震""性急""面熟",述宾结构的"司机""吹牛""放心",述补结构的"说明""提高""缩小"。正因为这是一种能产的造词法,所产生的词数目巨大,种类繁多,所以是教学的重点。对于这种造词法所产生的词,应根据不同的类型施以不同的方法,比如语义系联法、比较法、语境法,等等。

五、修辞造词法

修辞造词法就是通过比喻、借代、比拟、别解等手段创造新词的方法。

通过比喻手段创造的词比较常见,如:

猴头	佛手	银耳	龙眼	狮子头	傻瓜
蠢驴	笨蛋	网虫	鸡冠花	喇叭花	鹅卵石
柳叶眉	杏核眼	泰斗	鲸吞	蚕食	雪白
雀斑	木耳	雪花	天河	瓜分	笔直
杏黄	金丝猴	牛皮纸			

通感造词,如:

红利	黑心	白痴	苦力	毒辣	酸懒	眼热
冷眼	重视	粗心	眼尖	嘴硬	薄情	

借代造词,如:

球手	国脚	名嘴	丝竹	茅台	龙井	杜康	江山
眉目	头脑	口齿	巾帼	红娘	红颜	须眉	东宫

别解造词[1],如:

---

[1] 参看高燕:《别解探析》,《汉语学习》,2007年第5期。

月光族　　特困生（上课特别困的学生）

谐音造词，如：

韩流（谐"寒流"）　　海归（谐"海龟"）　　海待（谐"海带"）

修辞造词法内部语素与词义之间是一种比较隐性的联系，这是由其修辞特点决定的，而其修辞性也会增强词的趣味性，明确这些造词特点可以使学习者准确地理解词义，同时也可以促进他们了解相关的文化知识，如"茅台"是以产地为酒名命名的，"丝竹"是以材料来代替乐器的，等等。

六、缩略造词法

缩略造词法是一种通过缩略把短语改变为词的造词方法。在现代汉语中这是一种比较能产的造词方法，如：

文化教育——文教　　　　人民警察——民警　　　　外交部长——外长

邮政编码——邮编　　　　科学技术——科技　　　　空中小姐——空姐

高等学校——高校　　　　流行性感冒——流感　　　彩色电视机——彩电

在教学中，如果指出缩略词所从出的原形，根据原形理解词义，则会大大淡化生词的陌生感，易于学习者的理解和接受。

七、类推造词法

所谓类推造词法，就是依据一个既有合成词的结构方式，在保留其中一个语素的前提下，以同属类义范畴的语素替换其他语素，从而产生不同新词的造词方法。据以产生的原词与类推词形成类义词关系，如：

歌迷　　影迷　　球迷　　书迷

氧吧　　陶吧　　网吧　　茶吧

文盲　　色盲　　乐盲　　舞盲

类推造词法可以产生系列同构类义词，掌握这个规律有助于扩大词汇量，获得事半功倍之效。[①]

---

① 详见第五章第二节有关内容。

第二节　构词分析释义法

构词法是指语素构成词的方法。按照词的内部构成，词可分为单纯词和合成词两类。构词分析法有助于准确地把握语素、结构与整个词义的关系，从而准确地理解词义。构词分析释义法在对外汉语教学中是广为认可的方法，具有多方面积极的意义。

一、单纯词

由一个语素构成的词就是单纯词，如"天""是""最""玻璃""从容"等。在现代汉语中，单音节词都是单纯词。但单纯词中有些是双音节的，甚至是多音节的。双音节以上的单纯词主要有以下几种情况。

（一）联绵词

指从古代汉语传承下来的单个音节没有意义的双音节词，根据两个音节之间的语音关系，又分为双声、叠韵、非双声叠韵以及双声兼叠韵联绵词。

1. 双声：伶俐　淋漓　澎湃　惆怅　璀璨　慷慨　玲珑　流连
　　　　 忸怩　忐忑　踯躅　恍惚　参差　崎岖　忐忑　倜傥
2. 叠韵：从容　徘徊　彷徨　逍遥　徜徉　蹉跎　荒唐　窈窕
　　　　 叮咛　烂漫　须臾　倥偬　翩跹　绸缪　婆娑　怂恿
3. 非双声叠韵：滂沱　憔悴　峥嵘　囹圄　磅礴　蟋蟀
4. 双声兼叠韵：辗转　缱绻（qiǎnquǎn，形容情投意合，难舍难分；缠绵）
　　　　　　　 孑孓（jiéjué，蚊子的幼虫）

（二）叠音词

叠音词是由一个音节重叠构成的词。这个音节单独使用无意义，只有重叠起来才有意义，或是单独存在时的意义跟叠音形式的意义毫无关系，如：

脉脉　冉冉　孜孜　历历　拳拳　潺潺　侃侃　谆谆　奄奄

霏霏　区区　楚楚　熊熊　猎猎　堂堂　瑟瑟　彬彬　萧萧

（三）音译外来词

音译外来词是摹拟外语词的语音形式，用汉语的音节或汉字写下来的外来词，如：

首蓿　　咖啡　　沙发　　雷达　　　基因　　沙龙　　　吉他

色拉　　葡萄　　奥斯卡　马拉松　　奥林匹克　高尔夫　三明治

（四）其他

包括双音节或双音节以上的摹声名词、叹词、模拟音感形象的动词、拟声词①，如：

辘辘　　哎哟　　叽咕　　轰隆　　噼里啪啦

联绵词中绝大多数是形声字，因此可以利用形旁表示意义类属、声旁表音或大致表音的特点进行讲解，帮助学习者掌握意义和读音。

二、合成词

合成词是由两个或两个以上的语素构成的词，可分为以下三类。

（一）复合词

复合词是由不同的词根语素组合而成的词。从结构关系上说，可分为以下五种。

1.联合式

联合式复合词的两个语素在意义上地位平等，具体又有以下几种类型：

（1）两个语素意义相同或相近，构成的是名词、动词或形容词。

---

① 参见本章第一节有关内容。

语言　　道路　　思想　　泥土　　教授　　波浪

以上都是名词。

斗争　　裁判　　研究　　帮助　　选择　　停止　　依靠

以上都是动词。

鲜艳　　丰富　　美丽　　优良　　温柔　　孤独

以上都是形容词。

教学时，指出两个语素之间的同义关系，不仅有助于学习者的理解，而且有助于强化他们的语素意识，扩大同义语素的积累量，便于通过语素猜测从而理解其他陌生的词语，进而不断提高自学的能力。

（2）两个语素意义相关，如：

眉目　　矛盾　　口舌　　骨肉　　笔墨　　皮毛

手足　　风浪　　领袖　　山水　　江湖　　尺寸

此种类型的词，词义不是字面意义的简单相加，而是一种通过比喻、借代等产生的修辞义，因此应提醒学习者避免望文生义地理解和运用。

（3）两个语素意义相反或对立，如：

东西　始终　反正　开关　往来　深浅　是非　高低　长短

此种类型的词，词义也不是字面意义的简单相加，而是在语素意义组合的基础上产生了新的意义，如"开关"表示的是接通和截断电路的电器装置，"长短"表示长度，等等。在教学时对此应加以强调。

（4）意义相关或相反，但是只有其中一个意义起作用，也就是习惯上所说的"偏义复词"，如：

国家　窗户　质量　人物　干净　忘记

在教学时，应指出词义所"偏"向的语素，如"国家"偏于"国"，"家"义无存。

2. 偏正式

偏正式复合词的两个语素在意义上前一个语素修饰限制后一个语素，前为"偏"，后为"正"，这种构词法在现代汉语中最为常见，如：

（1）汉族　　母语　　西方　　红色　　茶叶　　电灯　　香瓜

　　　米酒　　阳光　　长江　　平民　　军人　　黑板　　爱情

以上为名词，两个语素形成的是句法上的定中关系。

（2）火红　　雪白　　笔直　　冰冷　　蜡黄　　飞快　　闷热

　　　合唱　　微笑　　深入　　狂欢　　热爱　　公审　　笔谈

以上"火红"一组是形容词，"合唱"一组是动词，两个语素之间形成的是句法上的状中关系。

偏正式复合词两个直接语素之间形成的是修饰和被修饰、限制与被限制的关系，但其中不可以扩展，不可以加入"的""地"等成分，否则就不是复合词，而是偏正短语了，复合词的语素组合具有约定俗成性和凝固性，不能随意改变。

3. 述宾式

述宾式复合词的前一个语素表示动作行为，后一个语素表示动作行为关涉支配的对象，如：

司机　　开幕　　有名　　表态　　投资　　管家

接轨　　改行　　播音　　知己　　求救　　伤心

述宾式复合词有的是动词，有的是名词和形容词，但以动词居多，而与其内部结构关系相同的述宾短语在功能上只能是动词性的，如"看医生""打羽毛球"。

4. 主谓式

主谓式复合词的前后语素是陈述（说明）和被陈述（被说明）的关系，如：

胆大　　胆怯　　性急　　雪崩　　眼花　　头痛　　心慌　　心酸

年轻　　地震　　民办　　民主　　手软　　嘴甜　　耳鸣　　面熟

主谓式复合词有的是形容词，有的是动词，有的是名词，即未必都是动词。

5. 述补式

述补式复合词的前一个语素表示某种动作行为，后一个语素补充说明动作的结果或趋向，如：

提高　　扩大　　抓紧　　说明　　推广　　延长

纠正　　削弱　　加强　　改正　　改善　　推翻

述补式的复合词是汉语所特有的，一般为动词。

6. 量补式

量补式复合词的前一个语素表示事物名称，后一个语素表示该事物的计量单位，前者是中心部分，后者是注释说明部分。这类复合词都是表示集合意义的名词，不能受数量词的修饰，如：

人口　　枪支　　马匹　　车辆　　船只　　信件

花朵　　纸张　　事件　　书本　　银两　　布匹

这类复合词较为特殊，为汉语所独有。

7. 连动式

前后两个语素都是动词性的，在时间上有先后承接的关系，如：

封存　接收　收听　收发　召见　进驻　盗卖　退休　借用

（二）派生词

派生词是由词根加词缀构成的合成词。主要有以下两种：

1. 前缀+词根

老虎　老师　老鼠　老乡　老板　老总　老王　老大

阿姨　阿爸　阿哥　阿妹

2. 词根加后缀

桌子　椅子　推子　斧子　疯子　胖子

头儿　口儿　画儿　盖儿　亮儿　短儿

石头　木头　看头　甜头　苦头　锄头

美化　丑化　淡化　恶化　净化　老化　城市化　一体化　多极化

等于　便于　处于　敢于　急于　乐于　善于　属于　位于　用于

（三）重叠词

重叠词是由同一个词根语素重叠构成的合成词，如：

爸爸　妈妈　哥哥　妹妹　姑姑　舅舅　仅仅　偏偏　刚刚

重叠词和叠音词不同，重叠词是合成词，其中包含两个相同的语素，而这两个相同的语素有的是可成词语素，如"明明"中的"明"，有的是不可成词语素，如"默默"中的"默"，而叠音词是单纯词，只有一个语素，两个音节不可拆分，如"瑟瑟"等。

三、构词法对于词汇教学的意义

根据构词的语素、语素之间的结构关系即根据构词法来展示词的意义，是一种有效的教学方法，在对外汉语教学界比较常用。

首先，通过构词分析，整词的意义由语素全部或部分体现出来，词音与词义的内在联系被发掘出来，这有助于淡化生词的陌生感，因为语素义与词义顺理成章的联系带给学习者的是自然感和熟悉感，词义易于为他们所理解和接受。

根据汉语的构词规律，语素是词义的载体之一，可以由语素义推知词义。由一个相同语素形成的合成词的词群，辨析另外不同的语素，有助于将不同的词区别开来，比如"改正、改善、改进、改变"和"毛笔、铅笔、钢笔、粉笔、蜡笔"。这有利于学习者学会词义辨析的方法。

语素性质不同，语素的意义也就不同，如"老师"和"老人"中的"老"就是不同的语素，前者为前缀，不表示任何实在的意义，词义由后面的词根语素体现出来，而后者为词根语素，表示"年龄大"的意思，与另外的词根语素共同表示词义。

其次，汉语的复合词的语素可以形成各种结构关系，而结构关系也是词义的基础。结构关系在词法和句法内的一致性也给词义理解和短语的学习与分析带来了便利。结构关系影响词义的确定，甚至进一步影响词的句法功能。"地震"和"蚕食"都是由一个名词性语素加一个动词性语素构成的，但结构关系不同，前者的两个语素之间是陈述与被陈述的关系，构成了主谓关系，而后者的两个语素之间存在修饰限制与被修饰限制的关系，构成的是偏正关系。名词性语素加动词性语素构成的偏正式复合词，其中的名词性语素往往表示方式、工具、手段、处所或时间。又如"管家"和"流水"都是一个动词性的语素加上一个名词性的语素，但内部结构不同，前者为述宾关系，后者为偏正关系。特别是对于同素异构词而言，语素之间的结构关系对词义的影响作用表现得就更为明显，如"炒菜"作为述宾式理解的意思是对菜用"炒"这种方法进行烹调，作为偏正式理解的意思是用"炒"这种方法烹调出来的菜。

再次，对学习者进行语素观念和构词意识等的培养，有助于他们形成用已知知识推测新词语意义的能力，有助于他们有效地辨识、记忆和使用词语，提高他们自我扩充词汇的能力，避免只知"再见"而不知"再"和"见"这种不了解汉语构词特点整词记忆的低效率性。

当然这种方法宜在学习者掌握了一定的基本词汇、具有了一定的语素基础之后使用，因此比较适合中高级汉语水平的学习者。

第三节 义素分析释义法

义素分析释义法就是通过对相关义位的比较分析，找出义位的区别特征即义素从而进行词义分析或辨别的方法。

义位是来源于西方语义学的一个概念，是指词义的使用单位，即能够用于言语交际过程的词义单位，相当于传统所说的词义项。义素是受到音位学的启发，从义位中分解出来的最小的词义单位，也叫语义成分、语义特征等。

义素不是自然语言的单位，而是一种元语言单位。对义素的分析离不开语义场，而语义场是具有共同义素的义位形成的集合。义素分析释义法在对外汉语教学中具有积极的意义，可以有效地说明词义的聚合关系，并能很好地解释一些语法现象。

一、说明词义聚合关系

义素分析可以清楚地显示同义关系，如：

边疆：+［国土］+［靠近国界］+［范围大］

边境：+［国土］+［靠近国界］-［范围大］

"边疆"和"边境"拥有两个相同的义素，是一对同义词。反义关系也可以通过义素分析显示出来，如：

朋友：+［人］+［友好］

敌人：+［人］-［友好］

浑浊：+［水］+［杂质］

清澈：+［水］-［杂质］

"朋友"和"敌人"有共同的义素"人"，在是否具有"友好"这个义素上，表现出矛盾性，因此形成了反义词关系。"浑浊"和"清澈"都可以用于对"水"的描写，两词有共同的义素"水"，而在是否含有杂质方面表现出相反的特点，在一个由共同义素"水"构成的统一体内，"杂质"这个区别义素决定了两词具有反义关系。词的类义关系也可由义素分析显示出来，如：

教授：+［高等学校职称］+［最高级别］

副教授：+［高等学校职称］−［最高级别］+［次高级别］

讲师：+［高等学校职称］−［最高级别］−［次高级别］+［次低级别］

助教：+［高等学校职称］−［最高级别］−［次高级别］−［次低级别］+［最低级别］

这四个词有共同的义素"高等学校职称"，形成了一个含有共同义素的统一体即语义场，同时在级别上存在区别义素，构成类义词关系。又如：

祖父：+［父母的父母］+［父系］+［男性］

祖母：+［父母的父母］+［父系］−［男性］

外祖父：+［父母的父母］−［父系］+［男性］

外祖母：+［父母的父母］−［父系］−［男性］

这四个词由共同义素"父母的父母"形成了一个语义场，语义特征"父系"和"男性"清楚地揭示出这一组亲属称谓词的差别。这种形式化的方法有助于简化称谓语系统的繁琐说明，有利于学习者的理解和掌握。

词的上下义关系也可以由义素分析显示出来，如：

学校：+［机构］+［专门进行教育］

大学：+［机构］+［专门进行教育］+［高等］

如果由一个义位含有的全部义素构成的集合包含于另一个义位全部义素构成的集合中，那么这两个义位构成上下义关系，前者是上义词，后者是下义词。在上例中，"学校"所含有的全部义素都显示在"大学"的义素系统中，"学校"是上义词，"大学"是下义词。

通过义素分析，也可以看出，反义词和同义词属于类义词的特例，因为都拥有一个可以形成语义场的共同义素。通过义素分析，一组具有语义聚合关系的词的异同可以清晰地反映出来，这极有利于学习者的理解，有利于增强他们学习的信心，从而促进教学效率的提高。

二、解释某些语法现象[①]

一些词语的组合规则通过义素分析可以得到有说服力的阐释，如：

我们可以说"喝酒""喝水"，但却不可以说"喝肉""喝馒头"，因为动词"喝"所支配的对象要具有［液体］这样的义素，"酒"和"水"含有这样的义素，所以可以作"喝"的宾语，而"肉"和"馒头"没有，所以不可以。

又如，我们不可以说"暗杀桌子"，因为动词"暗杀"支配的对象应具有［人］这样的义素，而"桌子"却不包含这样的义素，因此不能和"暗杀"组合。

又如我们可以说"亲自检查""马上订票""不便回答""严格要求""热情帮助"，却不可以说"亲自睡着""马上丢失""不便倒塌""严格获得""热情知道"，这是因为"亲自"等表示方式的副词一般修饰含有［自主］义素的动词即自主动词，如"检查"等，而不能修饰非自主动词如"睡着"等。

又如我们可以说"加以重视""予以揭露""严加限制""进行交流"，却不可以说"加以忽视""予以败露""严加局限""进行流传"，这是因为"加以"等所带的宾语应是含有［自主］义素的动词，如"重视"等，而不含有［自主］义素的动词是不能充当其宾语的，如"忽视"等。

又如我们说"肯做""值得学习"，但不可以说"肯病""值得倒塌"，这也是因为能出现在"肯"和"值得"后的动词都是含有［自主］义素的动词，而不含有［自主］义素的非自主动词是不可以出现的。

义素分析释义法同时也可以有效地解释某些特殊的句法现象，如：

我们可以说"你已经教授了，还这样努力""到昆山了，火车很快就到上海了""星期四了，周末又要到了""二十了，你也该懂事了"，但却不可以说"已经学校了""年龄了，你该懂事了""桌子了"等，这是因为能够出现在"NP了"句式中的（NP为名词性短语）的NP必须具有［顺序性］这样的义素，NP构成有序类义词。

又比如属于相同句式"处所名词＋动词＋着＋名词"的"台上坐着主席

---

① 此部分参考了以下文献：马庆株：《自主动词和非自主动词》，载《中国语言学报》编委会编：《中国语言学报（第三期）》，商务印书馆，1988年；刘中富：《实用汉语词汇》，安徽教育出版社，2003年；曹炜：《现代汉语词义学》，学林出版社，2001年。

团"和"台上唱着戏"却有着不同的变换形式：

台上坐着主席团→主席团坐在台上→*台上正在坐着主席团

台上唱着戏→*戏唱在台上→台上正在唱着戏

原因在于动词"坐"具有［附着］的义素，而"唱"却没有。类似于"坐"的动词还有"躺"、"盖"等，类似于"唱"的动词还有"开（会）""下（雨）"等。

我们可以说"请坐""喝吧"，但却不可以说"请病""迷失吧"这是因为能够进入祈使句的一般为含有［自主］义素的动词，不含有［自主］义素的动词则不能进入。

第四节　理据分析释义法

词语的理据指词语的物质形式（form）与所指内容和意义（meaning）之间的一种内在联系。换句话说，词语的理据指的是事物和现象获得名称的依据，即词义与事物和现象的命名之间的关系。[1]"如果把语言比作生命，那么理据就是语言生命的基因。"[2]理据分析释义法可以使学习者明白词义得来之由，明白语素义与词义之间的关联，从而提高学习效率，激发学习的兴趣。理据有以下一些类型。

一、显理据

显理据是指通过对语言文字形式本身的探求即从字面上即可获知的命名依据，又包括以下三种情况。

（一）词音理据

汉语中有一部分单纯词可以由语音形式显现其得名之由，主要是摹声法造出的词，如"布谷鸟"又名杜鹃，初夏时昼夜不停地发出"布谷""布谷"的叫声，仿佛在提醒人们及时播种五谷，因此被叫作"布谷鸟"。成语"精卫填海"中的"精卫鸟"就是由其"精卫""精卫"的叫声而得名。蚱蝉因发出的叫声像"知了"，所以也被称为"知了"。此外，像"咯咯""叽叽嘎嘎""哎哟""巧克力"等词也都来自语音形象，它们的理据也都是显性的。除此之外，如"虾、瑕"和"张、帐、涨、胀"一类音近义通的同源词，如"瓦（wǎ→wà）、凉（liáng→liàng）、钉（dīng→dìng）"之类的变调词，"盖儿、塞儿"之类的儿化词，它们之间也存在音义上的理据关联，因此都是

---

[1] 王立杰：《词语的理据与词义理解——兼及词语的理据研究在对外汉语词汇教学中的作用》，《天津商学院学报》，1999年第1期。

[2] 王艾录、司富珍：《汉语的语词理据》，商务印书馆，2001年。

有理据的。

（二）词形理据

词形理据指的是词的书写形式能够显示出或部分显示出词义，这种方法适于分析单音节词和联绵词。以象形字、指事字、会意字为书写形式的单纯词理据较为明显，如"山、水、鸟、人、马、网"以其初始或早期字形显示词义；"一、上、下、本、末、寸"等以符号所示的意义为本义，其他义项在此基础上引申发展而来，如"本"表示"树根"，引申为事物的根本、根源等；"歪、休、明、男、尖、林"等以初始的字形部件组合表述其本义，其他义项皆由此进一步引申发展而来；"泥、烤、猫、圆、榆、运"等分别以形符和声符的组合表示词义的类属范畴及其语音或近似的语音，理据的明晰性弱于象形字、指事字和会意字。大多数联绵词的书写形式为形声字，如"蜘蛛""狐狸""鹦鹉"等，可从形符和声符部分地获得词的音义信息。

教学中从字形入手进行词语理据的分析解释，不仅便于了解词义渊源而且可以促进汉字的教学，培养学习者对汉字的兴趣以及对中华文化的热爱。如"群"字在金文和小篆中都是上声（君）下形（羊）的形声字，楷书中废除了上声下形的"羣"字，只保留了左右结构即现在通行的"群"字。"群"字的本义是"羊众多"，由此本义引申为"同类物"都可称"群"，如《易经·系辞上》："物以群分"，由此又进一步引申为"众多"义，如"群众""群山""群书"等。

（三）构词理据

如果词的意义可由语素义较为准确地推知，或者词义反映了语素的意义，那么语素与整个词的词义就形成了构词理据关系。语素意义与整词的意义之间如果具有明确的理据关系，那么这种关系可以简单概括为以下几种。

1. 复合词的语素义及其组合直接表示词义

| 海洋 | 道路 | 贫穷 | 呼唤 | 饥饿 | 寒冷 | 邀请 | 思想 |
| 汉语 | 数学 | 家禽 | 迁移 | 干旱 | 水灾 | 创建 | 爱国 |

2. 复合词的词义是语素义的修辞用法

领袖　骨肉　皮毛　岁月　风云　根源　风雨　肺腑　泰斗

帽舌　关口　心眼　针鼻　木耳　火舌　山腰　针头　山脚

3. 复合词的语素义提示了词义的部分内容

黑板　绿茶　飞机　挂面　水牛　旁听　开幕　退休　白菜

二、潜理据

合成词中有不少反映历史、民俗、文化特点的词语，由于历史久远，有的语素义在词义中已经模糊或消失，人们无法从字面上看出词义的根据，这种词所包含的理据就是潜理据。范克（Funk）在《词源》中说："词汇常常隐藏着传奇故事，它往往把我们引入神话和历史，使我们能够了解伟大的人物和重要的事件。词像个小窗户，通过它可以熟悉一个民族的过去。"①这类词的理据如果不从词源的角度入手，从字面上是很难看出语素义与词义的内在关联的，因而是潜隐的，所以称之为潜理据，也可称之为词源理据。借鉴王艾录等学者的研究，我们将潜理据分为以下几类。

（一）史实理据

史实理据就是来源于历史事实的理据，一般是有文献可考的，比如：

胡说：西晋时期，胡人侵占了中原一带，胡人无视儒家规范，言行没有任何礼法约束，尤其是胡人学说的汉语很不标准，所以汉人管胡人说汉语叫"胡说"。

小时：我国古代没有时钟，用日晷、铜壶滴漏等计时方法把一昼夜分为十二个时辰。明代钟表从西方传入我国，开始实行新的计时制度，因为新制一个钟头是古代一个时辰的二分之一，于是称为"小时"，旧制为"大时"。

目的：据《后汉书·高祖窦皇后传》记载，南北朝时，北朝要官窦毅的女儿性情刚毅，他认为自己的女儿很有才华，所以择婿非常慎重，于是他在屏

---

① 转引自王艾录、司富珍：《语言理据研究》，中国社会科学出版社，2002年。

障上画了两只孔雀，她的女儿将会嫁给射中孔雀眼睛的人。结果李渊分别射中了孔雀的两只眼睛，娶了窦女。"目的"即以"目"为"的"，古时靶子的中心叫"的"。

问鼎：中国古代以九鼎为传国之宝，是国家政权的象征，若向对方兴师求鼎和在外交场合问鼎之轻重大小，便有取而代之的企图。[1]

酒窝：中国人喜饮浓烈白酒，饮时不宜大口，而为"抿"酒，此时两颊肌肉紧张，有人会出现小窝，所以叫"酒窝"。[2]

（二）传说理据

有的词语产生于神话、传说、寓言等故事，这个故事就是传说理据，比如：

刘海儿：刘海儿是传说中的仙童，这个仙童经常出现在画纸上，引人注意的特征是前额上垂着整整齐齐的短发，因此汉语中用"刘海儿"指称这种发式。

羊城：传说在很久以前，有五个仙人骑着羊带着谷子，来到珠江边，把羊和谷种留给了人们，驾云而去。那五只羊变成了石羊，谷种被人们种在田里以后，年年丰收，人口逐渐增多，形成了人口稠密的城镇，于是人们把这个地方称为"羊城"或"穗城"，即今日的广州。

（三）民俗理据

民俗理据就是人们由于无法探知真实理据而牵强附会地主观臆测或杜撰出来的理据，也称为俗词源，如：

解手：明代洪武、永乐年间，朝廷强制山西洪洞、临汾等地的老百姓迁徙到山东、河南等地。移民多有不从，中途逃跑的现象时有发生，官吏便把移民的手捆起来，串连在一条绳子上。移民若要大小便，只得对押解的差吏大声说："给我解手，我要大（小）便。"待差吏给他解开手上的绳索，才可以

---

[1] 王立杰：《词语的理据与词义理解——兼及词语的理据研究在对外汉语词汇教学中的作用》，《天津商学院学报》，1999年第1期。
[2] 同上注。

去方便，"解手"由此而来。①

狗不理：是"狗子卖包子，一概不理"的缩略形式。狗不理包子的创始人高贵友，小名狗子。他做的包子肥而不腻，鲜香可口，因而生意兴隆，顾客盈门。可他的店小，既当掌柜又当伙计。他在摊桌上放几把筷子和一摞碗，顾客把钱放到碗里，他按钱给包子。由于忙碌，他很少与顾客谈笑，经常是顾客从进门到吃完离开，难得说一句话，于是人们取笑他"狗子卖包子，一概不理"。久而久之说成了"狗不理"，成了他的代称，他的包子也就变成了"狗不理包子"。而事实却是这样的：天津狗不理包子的创始人高贵友的小名叫"狗不理"，包子铺原名"德聚号"，但人们喜欢用他的小名称他的包子，店铺后来就改成了"狗不理包子铺"。②

（四）避忌理据

有的词语因避讳和禁忌而产生，这种理据称为避忌理据，如：

筷子：沿海渔民或船家忌说"箸"字，因为"箸"与"住"谐音，即停住抛锚之义，对行船来说是很不吉利的，因此把"箸"改为"筷子"，"筷"与"快"谐音，取"快行""一路顺风"之义。

口条："舌"与"折本"的"折"同音，因此北方一些地区将"猪舌"改称为"口条"。

胜瓜：广州话中"丝"与"输"谐音，有不吉利之嫌，因此"丝瓜"被改为"胜瓜"。③

（五）讹误理据

有的词语由于人们的主观随意解读而流传下来，造成以讹传讹，这种理据称为讹误理据，如：

熊猫：20世纪50年代初期，重庆北碚博物馆首次展出这种动物，标牌上横写着"猫熊"两个字，参观者按照当时习惯，从右到左误读成"熊猫"，从

---

① 王艾录、司富珍：《汉语的语词理据》，商务印书馆，2001年。
② 张绍麒：《汉语流俗词源研究》，语文出版社，2000年。
③ 常敬宇：《汉语词汇与文化》，北京大学出版社，1995年。

此"熊猫"逐渐代替了"猫熊"流传开来。

哈密瓜：清朝时，新疆哈密王将其管辖下的鄯善出产的甜瓜作为贡品进贡给朝廷，皇帝尝后问这是什么瓜，大臣们知道这是哈密王所献，就随口说这是"哈密瓜"，此瓜由此得名。[①]

三、理据的多角度性与名称的多样性

人们认识和观察事物的角度不同，命名理据也不相同，所使用的语言材料也不同，因而一个事物有可能存在不同的名称，如：

番茄——来自西域的像茄子一样的

西红柿——来自西方的像红色的柿子

洋柿子——来自外国的像柿子一样的

又比如"自行车"也叫"脚踏车""单车""钢丝车"，命名的理据不同，所得的名称就不一样。从"自行车"的理据上看，"自行"是与畜力车相比的，时至今日，从严格意义上来讲，"自行"并不真的"自行"，只有机动车才可以称得上"自行"，但由于理据具有稳固性，语言具有约定俗成性，"自行车"尽管理据并不充分，但仍成为通用的名称。异名同实的例子还有很多，比如：

卷心菜　　包心菜　　洋白菜　　大头菜

向日葵　　朝阳花　　转日莲　　葵花

长生果　　落花生　　花松　　香豆　　花生

大豆　　黄豆　　圆豆

四、造词法、构词法以及理据三者之间的关系

（一）造词法和构词法的关系

首先，两者的性质不同。"所谓造词，就是指创制新词，它是解决一个词

---

① 王艾录、司富珍：《汉语的语词理据》，商务印书馆，2001年。

从无到有的问题","所谓构词,是指词的内部结构问题,它的研究对象是已经存在的词";"造词"的意义重在创造,"构词"的意义重在结构;"造词"是指词的创制,"构词"是指词的结构规律。[①] 其次,两者的研究方法也不同,造词法的研究方法是发生学意义上的,构词法的研究方法是解剖学意义上的。

尽管两者存在上述区别,但它们之间仍存在一定的联系:造词法决定构词法,造词的方式可以在一定程度上决定一个词的内部结构,反过来一个词的结构方式也可以在一定程度上反映造词所使用的方法。[②]

（二）理据和构词法的关系

理据是造词的依据,从而间接决定了构词的方式,而构词方式则可以在一定程度上反映造词法从而反映理据。理据是一种心理或认知动因,而构词则是最终表现形式,是现实化了的产物。

词语的理据与构词法有密切的关系,理据分析离不开构词分析。

（三）造词法与理据的关系

造词法和理据都是发生学视角的研究。理据是造词的动因,是造词的基础;造词是对理据的提炼和凝固;造词是表层显性的,理据是深层的,或隐或显。

五、理据分析的教学意义

掌握词语的理据可以从词语由来的角度、从词的本义的角度来理解词语的意义以及内部构成成分与词义的内在关联,对词的理解和使用会更加准确。比如惯用语"敲竹杠"是利用别人的弱点或借某种理由索要钱财的意思,是一个述宾结构。但是它的词义与构成成分"敲"和"竹杠"有何关系呢? 它的理据是这样的:清朝末年,清政府查禁鸦片,有一个水运商人把鸦片藏在

---

① 葛本仪:《现代汉语词汇学（修订本）》,山东人民出版社,2004年。
② 刘中富:《实用汉语词汇》,安徽教育出版社,2003年。

船舱的竹杠和竹篙中。船到了绍兴码头，官员们上船检查，未发现异常。一位师爷拿着旱烟筒，信手在竹杠上敲了敲烟灰，而船主此时却由于做贼心虚而大惊失色，以为鸦片被发现，赶忙掏出一些银子悄悄塞给师爷，从此以后，这位师爷每次检查都要敲竹杠以讨取银两。学习者了解了这个史实理据后，在兴味盎然中对语义进行了认知。汉语中有不少合成词的理据与历史、文化、风俗、民情等直接关联，遇到这一类词除了给学习者讲解语文知识外，如果适当介绍词中的理据，则不仅能从根本上解决词语理解、词语使用的问题，而且可以使他们了解有关的历史文化知识，得到多方面的收获。

总之，理据分析法的作用在于通过合成词构成语素的理据分析，使学习者明白词义得来之因由，明白语素义与词义之间的关联，避免僵化机械地记忆，避免产生学习的枯燥感，从而提高学习效率和学习兴趣，另外也可以丰富他们中国历史文化方面的知识。

需要说明的是，在教学中，理据明显的词语可以指出词中语素的意义及其结构关系，随时随地自然地加以说明，而对于潜隐的理据，要根据教学计划、学习者水平等适当地加以讲解，不宜逢词必讲，以免占用太多的教学时间，影响主要任务的完成。

第五节　构形分析释义法

　　一个词通过不同的形态变化表示不同的语法意义的方法就是构形法。汉语不是形态变化丰富的语言，在汉语中，只有名词、动词、形容词以及量词存在一些形态变化。构形分析释义法可以使学习者加深对形态变化所表示的语法意义的理解，减少偏误发生的几率。

一、汉语构形的方式

　　尽管汉语没有严格意义上的形态变化，但是汉语也通过以下两种方式表现语法意义的变化。

（一）附加法
　　汉语只有一个构形的词尾，即表示复数意义的"们"，加在指人名词的后面，如：

　　同学—同学们　　　老师—老师们
　　朋友—朋友们　　　代表—代表们

（二）重叠法
　　重叠法就是将整个词或将部分语素进行重叠构成形态变化的方法，如：
　　AA式：人—人人　　　个—个个
　　　　　　尝—尝尝　　　长—长长（的）
　　ABAB式：研究—研究研究　考虑—考虑考虑　冰凉—冰凉冰凉
　　AABB式：大方—大大方方　高兴—高高兴兴
　　AAB式：把关—把把关　梆硬—梆梆硬　散步—散散步
　　ABB式：冷清—冷清清　亮堂—亮堂堂
　　A里AB式：糊涂—糊里糊涂　慌张—慌里慌张　邋遢—邋里邋遢

重叠构形要与叠音构词区别开来，后者不属于形态变化，单个音节无意义，重叠在一起才表示一个意义，属于构词范畴，如"猩猩""狒狒""惺惺"等等。

重叠构形也要与重叠构词区分开来，后者单个音节有意义，如"妈妈""仅仅"就属于重叠构词。

ABB式构形与ABB式构词也是不同的，应注意区别。如"绿油油""黑乎乎""白茫茫""气冲冲""傻呵呵""香喷喷""甜滋滋"等都是构词，因为这些词没有原形形式，即没有"AB"式；而构形有"AB"式原形，如"甜蜜蜜"是原形"甜蜜"的重叠形式。

单音节量词可以重叠构形，如"个个""次次""张张""篇篇""片片"等，多音节量词不可重叠，如不可以说"公里公里""人次人次""小时小时"等。

词类不同，重叠构形表示的语法意义也不同。动词重叠表示反复、尝试、非正式性，如"说（一/了）说、看（一/了）看、研究研究、理理发"；形容词重叠强调程度，如"漂漂亮亮""雪白雪白"；名词、量词重叠表示"每一""众多"的意思，如"人人""家家""张张""篇篇"；数量短语ABAB式重叠表示"逐一"的意思，如"一个一个（地）""一张一张（地）"，ABB式重叠表示"每一、众多"，如"听到这个消息，一个个都高兴地跳起来""经过艰辛的努力，他写出了一篇篇佳作"。

构形是词语使用的一种变化形式，增加的是语法附加意义，变化后的形态不是一个新的词位，而是与原形相同的同一个词位，因此，学习者不必死记硬背词的变形。在进行与构形法有关的教学的时候，正如其他语法点的教学一样，尽量少用专门的术语，应主要指明词形变化的形式及其变化前后的语法意义，并使学习者学会正确地使用，同时也要让学习者明白构词重叠和构形重叠的不同，能够分辨出哪些形式是属于词汇的，哪些是属于语法的，如"冷清清"是构形，而"绿油油"则是构词。

二、构形偏误分析

在教学中，学习者构形方面出现的偏误较多，说明构形是一个难点，教师应给予足够的重视，这些构形偏误主要表现在以下几个方面。

（一）动词重叠形式不符合时范畴要求

*他拿来词典，查一查，知道了这个词的意思。

这里的"查一查"应改为"查了查"。"A了A"也是单音动词的一种重叠式，表示动作已经发生，动作持续的时间较短，而且比较随便、自然，具有非正式性，如"警察问了问就走了"。

*这是我的护照，请你看。

这里的"请你看"应改为"请你看（一）看"。自己要求做某事或要求别人做某事，应该用"AA"或"A—A"，这里的"A"代表单音节动词，这样比较客气，如"请给我们说说你在西藏的见闻吧"。

*我们每天做的事情就是要听听课，要看看书。

此句中的"要"应去掉。表示经常做的事情要用"AA"式或"AAB"式，表示轻松、随意、惯常化，如"他最喜欢做的事就是听听音乐、看看书。"

总之，"A了A"用于过去发生的动作，将来发生用"AA"或"A—A"，经常发生用"AA"。

（二）重叠形式混淆

*我们出去聊天聊天吧。

此句中的"聊天聊天"应为"聊聊天"，双音节述宾式动词的重叠形式既不是ABAB式也不是AABB式，应为"AAB"式。

*平时锻锻炼炼，对身体有好处。

此句中的"锻锻炼炼"应为"锻炼锻炼"，双音节非述宾式动词的重叠形式为"ABAB"式，而不是"AABB"式。

*她特别喜欢穿雪雪白白的衣服。

此句中的"雪雪白白"应为"雪白雪白"，"雪白"为状态形容词，双音节状态形容词的重叠形式为"ABAB"式，而非"AABB"式。

*我们班星期星期都有考试。

单音节量词可以重叠，表示"每一"的意思，但是双音节量词不可以，如果将上句中的"星期"改为"周",就可以重叠了。

　　*你的笔可以借我用用一下吗?

　　动词加"一下"也表示尝试、短时等意思,相当于动词的重叠,但是不可将两者杂糅在一起。上例中的"用用一下"要么改为"用用",要么改为"用一下"。

（三）形容词的重叠形式与副词共现

　　*妈妈做了很香香的米饭。

　　*他喜欢喝不甜甜的饮料。

　　*出租车很慢慢地开过来。

　　*每个人都喜欢穿非常干干净净的衣服。

　　*她拿了一个十分通红通红的苹果。

　　形容词的重叠形式不可以受程度副词和否定副词的修饰,以上偏误例句要么去掉副词,保留形容词的重叠形式,用以强调性状;要么保留副词并使用形容词的原形形式(最后一个例句只有去掉副词"十分"一种改法,因为"通红"是状态形容词,前面不能受程度副词修饰)。

（四）性质形容词错误重叠

　　*她是一位美美丽丽的女孩。

　　*昨天我们在一起吃饭,度过了一个愉愉快快的周末。

　　*这部电影真是精精彩彩。

　　性质形容词可以进行"AABB"式重叠,但不是所有的都可以,一些书面语词往往不能重叠,如"伟大""神圣""崇高""庄重"等。

（五）句法功能错误

　　*下课我问了问老师一个问题。

　　*那天我在街上打听了打听半天。

　　*我听听课的时候吃东西。

　　*考试的时候,试卷要写写清楚。

*我在公园遇到了打打拳的老人。

*老师正在讲讲课，哈里进来了。

*安娜一直找找，最后终于找到了。

*那个领导说，这个问题要进行研究研究，再告诉我。

表示过去时的动词重叠式后面带双宾语时，直接宾语前不可加数量成分；动词的重叠式后面不可以带补语；动词重叠式也不可以作定语；不能和"一直""正在"等表示动作正在进行、状态正在持续的词语一起使用；动词重叠式也不可以作形式动词"进行""加以"等的宾语。

本章小结

进入中高级阶段以后，学习者具有了一定的词汇和语素的积累，适于采用分析释义法进行词语的释义。学术界一般认为，分解储存表征具有认知经济的优势，学习者一旦拥有了语素知识，不仅会识别学过的词汇，而且还会建构新词，从而有效地利用认知资源和节省加工时间。[①] 这与语言初始阶段的符号由形式和意义任意组合后再根据语义、相关规则复合成新的具有理据性的符号具有异曲同工之处。词语的创造与词语的认知是一个方向相反的过程：词语创造依据语义、结构、语音上的理据联系，词语认知则根据词语形式推断内部理据，因此将词语进行结构和语义等方面的分析，显示成分与整体的内在关联，可有效促进词义的正确理解，减轻学习负担，提高效率，增强兴趣。

思考题

1. 不同国家、不同地区、不同方言或同一民族、地区、语言或方言对同一事物往往有不同的命名，如"自行车"最早也有叫"脚踏车"的，这说明了什么？

---

① 黄远振：《词的形态理据与词汇习得的相关性》，《外语教学与研究》，2001年第6期。

2. 指出下列 ABB 式和 AABB 式属于构词法还是构形法？

眼巴巴　干巴巴　笑呵呵　乐呵呵　兢兢业业　明明白白　唯唯诺诺

3. AABB 式和 ABAB 式分别是哪些词类的重叠方式？构形重叠的方式与词类具有整齐的对应关系吗？

4. "热闹"一词有哪些重叠形式？是构词还是构形？重叠形式的不同由什么决定？

5. "我们考虑考虑"中共有几个词？

6. 什么是构词法？什么是造词法？什么是词语的理据？三者之间的关系如何？

7. 构词分析对于词语释义的意义何在？

8. 理据分析对于词语释义的意义何在？

本章主要参考文献

常敬宇：《汉语词汇与文化》，北京大学出版社，1995年。

葛本仪：《现代汉语词汇学（修订本）》，山东人民出版社，2004年。

黄远振：《词的形态理据与词汇习得的相关性》，《外语教学与研究》，2001年第6期。

刘中富：《实用汉语词汇》，安徽教育出版社，2003年。

王艾录，司富珍：《汉语的语词理据》，商务印书馆，2001年。

王艾录，司富珍：《语言理据研究》，中国社会科学出版社，2002年。

王立杰：《词语的理据与词义理解》，《天津商学院学报》，1999年第1期。

许光烈：《汉语词的理据及其基本类型》，《语言文字学》，1995年第4期。

许光烈：《汉语词语理据特点管窥》，《学语文》，1998年第6期。

张绍麒：《汉语流俗词源研究》，语文出版社，2000年。

第四章

特殊词语的教学

　　从词义、功能和形式上看，虚词、抽象词语、国俗词语、语块在对外汉语词汇教学中是比较特殊的类型，也是教学的难点和重点。这些特殊词语的教学问题值得我们进行深入的研究和探讨。

第一节 虚词的教学

对对外汉语教学而言，虚词教学无疑是难点之一。这是因为，首先，虚词意义虚灵、抽象，难以准确地描写，也难以准确地理解，即使翻译成外语也很难找到完全对应的词语；其次用法也较难掌握，也就是说，虚词因其"虚"而难教难学，也正是在这个意义上，张志公先生说，虚词在对外汉语教学中是"最难掌握的"。①从实践的角度来说，外国人学汉语发生的语法偏误有50％以上来自虚词误用，②并且这些虚词偏误易于化石化。因此，虚词作为教学中难啃的一块硬骨头，教学方法的选择就显得异常重要。传统上一般根据意义的虚实将词分为实词和虚词两大类，本书依照传统，将副词归于虚词之列。

一、对比法

实践证明，对比分析法是比较有效的一种方法。虚词对比分析包括汉外对比、虚词有无对比、虚词不同位置对比等。

（一）虚词的汉外对比

在汉外两种语言意义和用法相似的虚词之间进行对比，分析异同，有助于学生准确地掌握词义和用法，避免母语负迁移的影响，提高虚词的学习效率。比如汉语的"都"与英语的"all"之间有同有异，如果不了解它们之间的差异，"以英律汉"，就会产生偏误，如：

*都我的中国朋友喜欢喝茶。

此例的错误在于完全移用英语的语序，因为在英语中这句话的意思是

---

① 张志公：《语汇重要，语汇难》，《中国语文》，1988年第1期。
② 李晓琪：《现代汉语虚词讲义》，北京大学出版社，2005年。

"All my Chinese friends like to drink tea"，其中 "all" 是形容词，自然可以修饰名词性成分 "my Chinese friends"，但是汉语中的 "都" 却是一个副词，因而不可置于名词性成分前充当修饰语。又如：

*桌子上放的是都英文报纸。

此例犯的是同样的错误，是将英语的表达形式直接对译成了汉语，然而不同语言之间相同语义的表达不是由词语的直接对译就能完成的，学习者是将自己母语的句子 "The table is all covered with English newspapers" 直接对译成汉语了，却不知道汉语 "都" 的位置是不同于英语的 "all" 的。因为 "all" 在英语中可以是形容词、副词、代词和名词，而汉语的 "都" 只是副词，只能作状语。[①]

又如 "除了……之外" 对应于英语的两个词 "besides" 和 "except"，也就是汉语的 "除了……之外" 有包括式和排除式两种，而能够标志其为包括式还是排除式的，是搭配使用的副词 "都" 和 "也"，分别构成排除式的 "除了……之外，……都……" 和包括式的 "除了……之外，……也……"，因此教学时应强调相关虚词的共现。

又如英语中的 "only" 和汉语中的 "只" 大体相当，但存在着一些不同之处，比如在句法分布上，only 可以置于宾语之前，也可以置于表时间和处所的状语之前，而 "只" 只能放在谓语之前，如：

He believes only his mother.

他只信任妈妈。

He spoke only for two minutes.

他只讲了两分钟。

（二）虚词有无的对比

在汉语中，有的虚词在句中是必用的，否则句子就不能成立，如：

*春节之前，他每一天很忙。

*所有的人知道了他去中国留学的消息。

---

① 王还：《"ALL" 与 "都"》，《语言教学与研究》，1983年第4期。

*不管花多少钱，他要去台北看演出。

以上三句错在缺少副词"都"与表示周遍意义的"每一天""所有"以及表示无条件的"不管"的照应，使得句子不合乎汉语的表达习惯，这说明有时虚词的有无具有决定句子是否成立的作用，即完句的作用，可见虚词存在的重要意义。

汉语中形容词一般不单独作谓语，否则句子不符合母语者的习惯，如：

*约翰的汉语流利，同学们都羡慕他。

一般说来，此句中"流利"前应该加一个程度副词"很"，"羡慕"作为心理动词，前面也宜加"很"。这里的"很"同样具有完句的作用。

当然，虚词的有无最重要的作用在于对语义造成影响，此处不赘。

（三）虚词不同位置的对比

虚词位置的不同对语义也会产生影响，如"到底"表示经过比较，强调、确认、肯定一个事实，一般后加"是"，形成"到底是"结构，可以出现在主语前，也可以出现在主语后，但强调的对象不同，例如：

老王到底是有经验，很快就知道问题产生的原因了。（强调的是"有经验"，与"无经验"比较）

到底是老王有经验，很快就知道问题产生的原因了。（强调的是"老王"，与别人比较）

"到底是"出现在不同的成分前，所强调的语义也就不同。加强不同位置的置换练习，可以使学生很好地体会出语序的重要作用。

二、化虚为实法

由于虚化的词语语义抽象，不好把握，所以教师应尽量用相应的实词和简单的形式去化解虚义，使之易于理解。比如"V起来"中的"起来"为趋向动词，但有一定程度的虚化，表示动作开始，并继续下去，强调"开始"。可进行如下的虚实变换：

埋怨起来＝开始埋怨

装修起来＝开始装修

疑惑起来＝开始疑惑

争吵起来＝开始争吵

又比如"V下去"中的"下去"表示动作继续，可以进行如下的变换：

讨论下去＝继续讨论

交往下去＝继续交往

说下去＝继续说

写下去＝继续写

化虚为实的做法，有助于消除学生对虚词意义的模糊感和畏惧感，遇有类似的情况，他们自己也会换成相应的实词去理解。

应注意的是，要避免学生把这种方法当作一种回避策略，防止他们回避动趋式的使用，因此无论课内课外，教师都应尽量选用最适宜的表达方式，做到语言上的"言传身教"。

三、变换法

有的虚词对使用的句类有要求，如"何必"用在反问句中，表示"没有必要"。为了深入揭示虚词的意义和用法，可以采用句类之间相互变换的方法，如：

李小姐何必生这么大的气呢？→李小姐没有必要生这么大的气。

李小姐生这么大的气，何必呢？→李小姐生这么大的气，没有必要。

天气预报没有说下雨，你何必带伞呢？→天气预报没有说下雨，你没有必要带伞。

天气预报没有说下雨，你带伞，何必呢？→天气预报没有说下雨，你带伞没有必要。

同时可以进行反向的变换，如：

跟外国人结婚很正常，没有必要大惊小怪。→跟外国人结婚很正常，何必大惊小怪呢？

跟外国人结婚很正常，大惊小怪没有必要。→跟外国人结婚很正常，大惊小怪，何必呢？

示例之后，要求学生针对"何必"进行反问句和陈述句之间的变换练习，如：

开个玩笑，你何必这么认真呢？→开个玩笑，你没有必要这么认真。

这只是个小测验，你们没有必要那么紧张。→这只是个小测验，你们何必那么紧张呢？

打个电话就可以了，亲自跑一趟，何必呢？→打个电话就可以了，亲自跑一趟没有必要。

对一些同义虚词，可以采用对相同或相近的表达内容使用不同的虚词从而显示这一组词在语义、句法、语用等方面不同特点的方法。如"幸亏"和"好在"的区别主要在于语义："幸亏"指由于某种有利条件而侥幸避免了不良后果的产生，强调那一有利条件所具有的转折性的意义，往往用"否则"或"要不然"指出不具备这个有利条件会产生的严重后果；"好在"指在不利的情况下还存在有利条件，强调那有利条件缓解了整体的不利。教学时，所举实例应针对同一内容，分别用上两个词，以显示句义的变化。在给出具体例子时，最好利用现场语境或即时语境，这样使学生具体可感，易于理解。比如授课的当时外边下着雨，我们就可以造出这样的句子：

外面下雨了，幸亏下得不大，否则下课你们回宿舍会被淋湿的。

外面下雨了，好在下得不大，下课你们回宿舍也不会淋湿的。

变换法的核心在于尽量用同样的词语，相近的结构，就同一个语境或话题换用有待区别的两个词，以使学生体会到它们之间细微的语义差别和使用特点。在举例讲解之后，教师提供语境，要求学生分别用两个词造句，如"大卫四年本科学习最后一门课的考试得了60分，那么会有怎样的结果出现呢？"学生大多会说出如下的句子：

大卫最后这门课只得了60分，幸亏及格了，否则他就不能按时毕业了。

大卫最后这门课只得了60分，好在及格了，还是能够按时毕业的。

四、语境法

虚词很"虚"，语义很难把握，所以教师应尽可能设置合适的语境将虚词所表示的隐性的逻辑语义关系显性化，全面细致地揭示虚词的意义及其在使用中涉及的各种因素。如"之"是一个书面语助词，用在定语和中心语之间，组成偏正短语。如：

　　花中之王　　破冰之旅　　赤子之心　　心头之恨

可以发现，"之"后为单音节词。另外，"之"还可以用在部分形容词之前，数量短语之后，起强调作用，如：

　　十年之久　　千里之遥　　百米之深　　万吨之重

"之"也可以用在主谓之间，使主谓短语变成偏正短语，同时具有强调、夸张的作用，如：

　　他的性格之好是我从未见过的。

　　这种鱼味道之美令人难忘。

不难发现，含"之"的语句具有一种庄重的色彩。"之"虽然在语义上相当于"的"，但在功能上却不能用"的"替换，而这在语境中得到了充分的体现。又如"并"和"又"都有加强否定语气的作用，学生难以区分，这时教师要提供合适的语境。关于"并"可以设置如下的语境：

　　（1）——一定是王老师告诉你的，要不你怎么知道？

　　　　　——并不是王老师说的，是当时在场的同学后来告诉我的。

　　（2）——他可能觉得你们是熟人，所以提出这样的要求。

　　　　　——我们并不熟，认识没多久，也没有任何来往，我觉得他这样做不合适。

通过语境中的具体实例，可以看出，加强否定语气的"并"，强调的是事实不是对方或人们一般所说所想或自己原先所认为的那样，否定的是对话者的看法。

关于"又"我们设置如下的语境：

　　（1）——你也吃点药吧。

　　　　　——我的肚子又不疼，吃什么药！

　　（2）——你怎么把书包弄丢了呢？

　　　　　——是啊，我又没有离开教室，真奇怪！

通过语境，可以看出，语气副词"又"用于直接否定前提条件或原因，而不是通过直接否定结果来加强否定的语气。[1]

五、归类法

语义和功能相近的虚词可以归为一类，通过比较，揭示它们在用法上的差异，这样做的好处是可以使学生集中掌握一类词。比如表示期望达到某种目的的连词有"以"和"以便"，而有同样作用的还有介词"为了"和动词"好"，四者之间的用法之别可以通过例子显示出来：

约翰想跟中国人合租房子，以快速提高汉语水平。

约翰想跟中国人合租房子，以便快速提高汉语水平。

为了快速提高汉语水平，约翰想跟中国人合租房子。

请告诉我用哪本书，我好去买。

从以上例句可以看出，"以"和"以便"表示由于有了前面的条件或者情况，后面所说的目的容易实现，用在后一分句的开头，且有书面语色彩。"为了"一般处于句首，语体不限；"好"一般位于主语之后，只用于口语中。"以"和"以便"又有哪些区别呢？请看如下例句：

平时要多说多练以提高口语水平。

警察要求每位司机都系上安全带，以保证安全。

请班长统计好参加浦江夜游的人数，以便学院及时订票。

由上可以看到，"以"一般用在两个动词短语之间，加不加逗号视句子长短而定，如果句子简短，一般不用，若"以"前后的成分较长，则倾向于用逗号隔开。"以便"只能用在小句主语或省略了的小句主语的前面，在后一小句主语省略的情况下，也可用"以"代替，如：

老师应该多和学生交流，以便更好地了解他们的希望和要求。

老师应该多和学生交流，以更好地了解他们的希望和要求。

对于学生的练习，可以采用下面的方式：

---

[1] 参看陆俭明、王黎：《开展面向对外汉语教学的词汇语法研究》，《语言教学与研究》，2006年第2期。

用以下两个短语造一个表示目的关系的句子：

（1）我来到中国

（2）更好地学习汉语

如果学生很好地领会了表示期望达到某种目的的表达法，那么会很容易造出下面四个句子：

为了更好地学习汉语，我来到中国。

我来到中国，以便更好地学习汉语。

我来到中国以更好地学习汉语。

我来到中国好更好地学习汉语。

与"为了""以""以便""好"具有相反语义关系的连词有"省得""免得""以免"，表示避免发生某种不希望的情况，用在后一分句中，如：

到时你提醒我一下，免得我忘了。

你喝点儿咖啡，省得困。

希望你不要缺课太多，以免被取消期末考试资格。

"省得"与"免得"用在口语中，而"以免"一般用在书面语中，另外，"以免"要求后面出现的词语一般为双音节的，如"以免担心""以免丢失""以免迟到"等，而"省得"和"免得"则无此要求。

这组表示不希望发生某种情况的目的连词，同样可以采用连接分句的形式进行练习，也可以采用选择填空、判断正误等练习方式。

六、语素法

在对复合式实词的解释中，我们可以从构词、造词以及理据等方面使学生知道词义之所以然，对于虚词，一般我们不做内部的结构分析，只要求学生作整体化理解，也就是只要求学生知其然。但是如果我们有选择地对一些虚词进行内部语素的说明，则会使学生豁然开朗，这有利于他们的理解、接受、记忆和运用。比如"毫不""毫无"表示"一点儿也不"和"一点儿也没有"的意思，经常与一些双音节成分组合成固定短语或半固定的短语，如：

毫不犹豫　毫不知情　毫不费力　毫不吝惜　毫不在乎

毫无所知　毫无进展　毫无音信　毫无怨言　毫无目的

其中的"毫"的本义表示细长而尖的毛，引申为"非常之少""一点儿"的意思，加上否定词"不"和"无"，自然就表示"一点儿也不"和"一点儿也没有"的意思了。

又如"不然"中的"然"是"这样"的意思，"不然"就是"不这样"的意思，跟"否则"同义，而"否则"也可作语素分析，其中的"否"是"不这样"的意思，"则"是"就"的意思，理解了这一点，学生就会明白"不然"表示对前边小句做假设性的否定，引出否定以后可能出现的结果，如：

快走吧，不然我们会迟到的。

又如"日益"中的"日"是"每天、一天天"的意思，"益"是"更加"的意思，"日益"表示"一天比一天更加"的意思，如：

他的经营状况在日益好转。

第二节　抽象词语的教学

　　抽象词语语义抽象，除虚词外，主要是一些名词、动词、形容词和量词。抽象词语也是教学的难点和重点，因此教学方法的探讨很有必要。

一、抽象词语的种类

　　抽象词语与具体词语相对，指的是意义抽象的词。从词汇意义的实在程度上来说，虚词的词汇意义最为抽象，但由于其句法作用的特殊性，我们这里所说的抽象词语将其排除在外。Nattingger说，实词中表示具体事物的词容易掌握，不容易掌握的是那些表示抽象概念的、不能形象化的名词、动词、形容词和副词。[①]汉语不论是作为母语还是作为外语，抽象词语都是词汇教学的重点和难点。据不完全统计，在《汉语水平词汇与汉字等级大纲》中抽象词语大多是丙级和丁级词。汉语的抽象词语从词类上来说，主要包括以下几种（兼类词只列一种）：

名　词：	道德	思想	文化	政治	欲望	苦头	奥秘
	爱好	榜样	包袱	抱负	报酬	本领	本质
	步骤	财富	常识	仇恨	出路	代价	待遇
	概念	岗位	个性	隔阂	贡献	巩固	功能
动　词：	爱护	安排	把握	摆脱	排斥	暴露	剥削
	布置	采取	冲击	承认	充满	出版	创立
	处理	刺激	促进	传播	传达	发展	废除
	粉碎	分解	奋斗	封锁	服从	讽刺	干涉
形容词：	抽象	安静	宝贵	悲观	必然	薄弱	不幸

---

① Nattingger, J.: "Some current trends in vocabulary teaching", In Carter and McCarthy(eds.), *Vocabulary and language teaching*. London and New York：Longman. 1988.

沉重　成熟　诚恳　吃力　吃亏　充实　充分

崇高　纯洁　恶劣　繁荣　放心　复杂　孤立

光荣　宏伟　欢乐　积极　健全　精彩　沉稳

二、抽象词语的释义

抽象词语的教学难在解释其意义，而用汉语直接释义辅之以实例的方法比较常用，其有效性不可否认，比如对"财富"一词就可以解释为"有价值的东西，如钱、珠宝、文物、房子、汽车等"，又比如"爱好"一词可以解释为"一个人特别喜爱的活动，如看书、游泳、下棋、唱歌等"。在用通俗易懂的语言直接释义的基础上，可以灵活采用以下一些方法。

（一）反义法

通过词语之间的反义关系来进行解释，如"复杂"就是"不简单"，"抽象"就是"不具体，看不见摸不着只能用脑子想的东西就是抽象的东西"，同时出示例句，提供具体的语境加以比较，如：

我刚学汉字的时候，觉得汉字很复杂，有那么多笔画，很难记，可是英文却很简单，记住26个字母就可以了。

我不喜欢学数学，因为它很抽象，很难学。

又比如"孤僻"就是"不愿意跟别人交往，不开朗，不活泼"，举例如下：

他们兄弟俩虽然是双胞胎，但性格不一样，一个活泼爱热闹，一个孤僻不合群。

通过词语反义关系进行释义，必须坚持以旧释新的原则，也就是用来释义的反义词语学生已经掌握，否则等同于无谓的文字游戏，绕来绕去，使学习者茫然无所知，甚至造成学习者学习的信心不足，这是应该注意的。

（二）特例法

举出一种或几种符合待释的抽象词语的意义的情况，使学习者通过具体的现象感知抽象的概括的词义，也可以称为"以偏概全"法，如"长（zhǎng）"这个词可以如此释义："我们的头发每天都在长，我们的指甲每天也在长，外面的树每天也在长。"让学习者体会出"长"的意思是"生长"。又如"传统"一词可以如此解释："过春节的时候吃饺子是中国人的一种传统，吃饭用筷子也是中国人的传统。"接着问学习者："你还知道中国有哪些传统？""你们国家在过节的时候有哪些传统？"又如"实践"一词可以这样解释："学习了这么长时间汉语，最近你们国家在上海举办了一个展览，你去做翻译，就是一种实践。在实践中你得到了锻炼，也了解了自己汉语的实际水平。"又如"苦恼"一词可以如此解释："在你失恋的时候，你会苦恼；在你考试不及格的时候，你会苦恼；在你没钱的时候，你会苦恼；在你失业的时候，你会苦恼。"通过种种令人苦恼的现象的列举，学习者就不难领会出其含义。

（三）语境法

当把抽象词语置于一个具体的情境中时，它的意义会比较明确地显现出来，情境释义法是一种便于操作的有效方法。比如"热情"和"冷淡"是一对意义抽象的反义形容词，可以通过师生之间的表演展现出词义：老师扮演饭店里的服务员，找两个学生扮演顾客，其他学生判断服务员什么时候热情，什么时候冷淡。在这个小表演中，老师通过表情和语言让学生感受到"热情"和"冷淡"的含义。又如"真诚"和"虚伪"也是一对抽象的形容词，教师可以编个小故事，把抽象的概念形象化。

通过句子或语段也可以很好地显示抽象词语的内涵，如：

玛丽的父亲是外交官，母亲是大学教师，从小家庭条件就好，因此跟其他人比起来她有一种优越感，长这么大从来没经历过什么挫折，总是一帆风顺的。

在这段话里，"优越感"一词由"玛丽的父亲是外交官，母亲是大学教师，从小家庭条件就好"得到诠释，"挫折"和"一帆风顺"互释。

（四）字形法

汉字有很强的理据性，如果从字形的角度分析出一个词的本义，由此衍生出的抽象意义就好理解和接受了，因为抽象义绝大部分来自具体义，这是词义演变的重要规律。如由"集"组成的词语有"集成""集萃""集合""集会""集结""集录""集权""集训""集中""集装""汇集""集思广益"等，其中的"集"都是"聚集""集合"的意思，那么为什么"集"有此义呢？"集"是个会意字，甲骨文的字形是上为"隹"，表示短尾巴鸟，下为"木"，于是"集"的本义就是"鸟集于枝头"，它的金文字形和小篆字形与甲骨文字形基本相同，只是有的在"木"上是三个"隹"，到了楷书只有一个"隹"。

又如含有"企"的抽象动词有"企盼""企望""企及""企划""企求""企慕""企图"等，其本义是"踮起脚后跟"，在甲骨文中，"企"是个象形字，一个人朝左站立，脚后跟抬起。在古籍中，多用"企"的本义，如《汉书·高帝纪上》："日夜企而望归。"由本义引申为"盼望"，如《后汉书·袁绍传》："企望义兵，以释国难。"由"盼望"进一步引申为"赶上"，如《新唐书·杜甫传》："扬雄、枚皋，可企及也。"

字形分析不仅可以明确本义，了解抽象词义的来源，而且有助于增强教学的趣味性。

（五）搭配法

在直接释义的基础上，展示一个抽象词语的习惯组合形式也是一种有效的方法，这是一种"以用促识"的方法，即在正确使用中体会词语的含义，比如"昂扬"常与"斗志""精神"等搭配，"枯燥"常与"无味""沉闷"等词配合使用。

又如"发扬"只同表示积极意义的词语搭配，如"发扬精神""发扬传统"等，不能与表示消极意义的词语搭配；"克服"只能同表示消极意义的词语搭配，如"克服困难""克服急躁情绪"等，不能同表示积极意义的词语搭配。

又如"消失""消灭"和"消除"意义相近，但三者之间存在差别："消失"是不及物动词，不带宾语；"消灭"的对象是不好的事物，如"消灭蚊蝇""消灭害虫""消灭贫穷""消灭差错"等；"消除"的对象是不利的抽象事物，如"消除隐患""消除隔阂""消除影响""消除战争阴影""消除心理障碍"等。

量词是汉语中比较特殊的词类，也是学生学习的难点。学习者在量词的使用上存在的问题较多，如：

*商场里最近进了一群烤鸡。

*我的担保人告诉我，这叫胖头鱼，我吃了一头胖头鱼。

*我的眼镜摔破了，我想买一对眼镜。

*为了它的生日，我们买了一丛丛的菜。[①]

在讲明具体量词的使用范围的基础上，为学习者提供常见的名量搭配形式，并要求他们加以记忆，不失为一种积极的手段，因为名量搭配尽管有一定的规则，但同时也具有一定的规约性，如"一条妙计""一丝希望""一抹斜阳""一弯新月""一缕阳光""一泓清泉"等。

（六）比较法

有些抽象同义词语通过比较可以清楚地看出彼此的不同，可以达到准确理解、正确使用的目的。

"有""拥有"和"具有"的区别在于："有"既可用于具体事物，又可用于抽象事物，搭配的对象非常广泛，多用于口语中；"具有"常用于书面语，多用于抽象事物，搭配的对象比较固定，如"意义""风格""影响"等抽象名词；"拥有"多用于书面语，所带的宾语一般是美好或重要的东西，如"欢乐""幸福""健康""土地""资源""家庭""财富""珠宝"等。

"财产"和"财富"都指有价值的东西，但"财产"指被个人或机构拥有的具体的物质，如金钱、物资、房屋、土地等，而"财富"则既包括物质上的，还包括精神上的，如：

直系亲属享有财产继承权。

享有盛誉的品牌就是公司最宝贵的财富。

"侵犯"既可用于国与国之间，也可用于人与人之间，"侵略"则多用于国与国之间；"侵犯"一般限于武力入侵，而"侵略"除采用武力外，还包括

---

① 以上偏误例句来自何杰：《现代汉语量词研究》，民族出版社，2000年。

从政治、经济、文化等方面进行干涉、颠覆和渗透。

"慷慨"和"大方"是一对同义词，但两者的语体色彩不同。"慷慨"多用于书面语，"大方"多用于口语。

"忠诚"和"虔诚"是一对同义词，但前者常用于对组织、对人、对国家等方面，后者多用于宗教信仰方面。两者的差别主要体现在适用范围上。

语义轻重比较法也是一种比较常用的方法，比如"雪白、漆黑、冰冷、气极了"等词语，虽然都表示一种极端的程度，但是学生很难准确把握，如果在一个语义连续统中进行系列词语的比较，则会收到较好的效果，[①] 如：

白→很白→雪白；

黑→很黑→漆黑；

冷→很冷→冰冷；

生气→很生气→气极了

在每一组中，后者的语义都是最重的，实际上，语义连续统的作用在于为目标词提供了一个可供比较的参照系，以便于学生确定词的语义位置。

（七）翻译法

如果学生的母语中存在相应的抽象词语，不妨使用翻译法，特别是那些外来词和意译词，这样既可以省去费力但效果未必理想的解说，避免对正确理解词义造成无谓的干扰，又可以使学生在短时间内快速掌握词语。当然翻译法应在必要的前提下谨慎地使用，而不可随意滥用。以下以英汉对应的抽象词语为例，简单加以说明：

常识：common knowledge

复制：copy

克隆：clone

民主：democracy

科学：science

蓝牙：blue tooth

---

① 王秀明：《我对汉语教师的认识》。

软件：software

计算机：computer

博士后：postdoctor

禽流感：bird flu

（八）抽象具化法

为避免直接定义式释义造成学习者接受的低效率性，可以用相应的具体词语来揭示抽象词语的内涵，同时辅之以相关的必要说明和例句展示。

寄托：（把理想、希望、感情等）放（在某人的身上或某种事物上）。

她把一生的希望都寄托在未来的丈夫身上。

这幅画寄托了画家对故乡的思念之情。

将"寄托"解释为"放"，同时向学习者强调其对象为情感愿望类抽象词语。

把握：抓住（机会、时间、规律、本质、分寸等）。

做阅读理解题的时候，一定要把握文章的主要意思。

她终于被录取了，把握住了这个难得的机会。

同时向学习者说明，"把"和"握"都是"抓"的同义词，只不过"把握"的宾语为抽象名词。

第三节　国俗词语的教学

　　一种语言中反映一个民族所特有的物质文化的词语就是国俗词语，这是一种在独特的文化背景下产生的语言现象。国俗词语在其他语言中很难找到与之完全对应的词，因此也称为"非等值词语"。汉语的国俗词语是中华特有文化的反映，有很多种类，在对外汉语教学中采用的教学方法也不尽相同。

一、国俗词语的类别

　　从词义内容上来说，汉语国俗词语包括以下几种。[①]

（一）名物词语

　　指表示汉民族所特有的物质文化的词语，包括建筑方面、服饰方面、娱乐方面、艺术方面、食品方面、医药方面，等等。

　　华表：古代宫殿、陵墓等大建筑物前面做装饰用的巨大石柱，柱身多雕刻有龙凤等图案，上部横插着雕花的石板。

　　旗袍：妇女穿的一种长袍，原为满族妇女所穿。

　　饺子：中国传统的有馅儿面食。

　　算盘：中国传统的计算工具。

　　麻将：中国传统的牌类娱乐工具。

　　相声：一种幽默的曲艺形式。

　　月饼：中秋节应时有馅儿的圆形点心。

　　汉语的中草药名称也属于国俗词语。中草药以植物居多，也包括动物和矿物，多以药草的部位命名，如"桑叶""艾叶"等是以植物的叶子命名的，"金银花""菊花"等是以植物的花命名的，"车前子""牛蒡子"等是以植物

---

① 参看梅立崇：《汉语国俗词语刍议》，《世界汉语教学》，1993 年第 1 期。

的籽实命名的，"杏仁""麻仁"是以果实核仁命名的，"葛根""人参""板蓝根"等是以植物的根命名的；也有以产地命名的，带"川"字的，表明是产于四川的，如"川当归""川黄连"等，带"广"字的，表明是产于广东的，如"广木香""广郁金"等，带"杭"字的为杭州所产，如"杭白菊""杭参"等；有以颜色命名的，如"丹参""白菊""黄芪"等；有以植物成熟的季节命名的，如"半夏""夏枯草"等；有以功能命名的，如"益母草""首乌"等。

（二）专名词语

专名词语是指称对象为唯一个体的词语，如人名、地名、店名等。教学时可适当指出这些专名词语的由来、特点以及寓意，以便加深学习者对专名的意义及汉语命名文化的理解。

1. 人名

不同的民族有不同的人名命名特点。汉族人非常重视名字。名字作为个人的特称，被赋予了各种美好的愿望和寄托，反映了汉人特有的文化观念。汉族人有崇祖尊儒的观念，反映在名字上，"华、夏、炎、黄、羲、禹、仁、义、礼、智、信、忠、孝、贞、光、宗、耀、祖"等常被用来取名；对建功立业的追求和对高尚品格的崇尚也在名字中得到了体现，"勇、武、刚、毅、俊、杰、伟、业、英、雄、洁、光、明、山、峰、松、柏、梅、菊、兰、静、玉、芳"等字常被用作人名；人们对吉祥、富贵、平安、幸福的向往，也寄托在名字中，因此"吉、祥、富、贵、健、康、有、茂、发、财"等字常被用为人名。汉族人的名字也有追求时髦的特点，具有强烈的时代特色，如建国初期，男人多取"援朝、建国、国庆"等名字；"文化大革命"时期出生的人，"文革、红卫、卫东、志新、学军、立新"等是常见的名字；改革开放以后，人名更是不拘一格，丰富多彩，有反映崇洋心理的，如"陈露丝""王安琪"，有以姓连名的，如"何所思""高飞""王妃"等，有在姓和名的汉字结构特点上做文章的，如"昌晶""田甲申"，还有以父母籍贯的简称为名的，如"鲁豫""沪川""湘穗"等。

2. 地名

地名作为专名词语的一部分，真实地反映了一个民族的地理特点、历史变迁和社会发展，是民族文化的折射。汉族的地名词语以独特的视角记载了蕴涵其中的文化心态和民间习俗。

地名首先反映了当地的地理情貌，如河南因其大部分位于黄河以南而得名，与其相对的河北自然因其位于黄河以北而得名，山东因位于太行山以东而得名，而山西自然是因位于太行山以西而得名。上海因其位于东海之滨，是渔民、商船"到海上去"的地方，故名。

长期以来中国的村镇以占多数人口的姓氏命名，如"李家寨""杨家岭""齐家湾"等，反映了重宗族的社会心态；一些地名反映了历史文化和军事活动的遗迹，如"苏家屯""范家屯""郑家屯""山海关""函谷关"等，"屯"是军队屯田的地方，"堡"和"关"都与军队的防御工事有关；有的地名反映了与其他民族的接触情况，如"吉林"来自满语"吉林乌拉"，是"沿着松花江"的意思，简称吉林。北京的"北海""什刹海"等的"海"都来自满语，湖泊、水潭在满语中也称为"海"。

有的地名反映了历史文化遗迹，如天津在古代称为"直沽"，元代称"海津镇"。明初永乐皇帝曾经在此率军南下直取南京，获得帝位，即为明成祖。为纪念此事，明成祖下令把"海津"改为"天津"，取"天子经过的渡口"之义。有些地名是以历史人物或民族英雄命名的，如原广东省香山县是孙中山的故乡，人们为了纪念孙中山先生，改为"中山县"（现为中山市），上海有以孙中山先生命名的"中山东（南/西/北）路""中山公园"等。吉林省的"靖宇县"、黑龙江省的"尚志县"、山西省的"左权县"分别是为了纪念革命烈士杨靖宇、赵尚志、左权而命名的。

与人名一样，一些地名反映出人们对和平安宁、幸福生活的向往，如"长春""永吉""安庆""延安""安顺"等。

3. 店名

店名旧时习惯称"字号"，晚近俗称"招牌"。店名对于商家的意义至关重要，尤其在当下，一个知名的品牌更是价值连城，因此人们非常重视命名的工作。一个店名可以真实地反映出独特的民族文化特点。"王致和臭豆腐店""雷允上中药店""盛锡福鞋帽店""张小泉刀剪店"等"老字号"主要是以店主的名字或姓氏命名的。除了以店主姓名外，商家多选取表示吉祥、福顺、典雅、平安、康泰一类的字眼来命名，如"福寿堂饭庄""福泰居""畅春园"等，有以功能和作用命名的，以引起顾客美好的憧憬，如"光明眼镜店""回春中药店""万寿堂""康乐药房""健步皮鞋店"等。糕点店制作原料多取于粮谷，香型以桂花等居多，因此"稻香村""桂香斋"等是比较常见的名字。[①]

（三）固定短语

固定短语是结构定型、意义完整的短语或短句，包括成语、惯用语、歇后语、谚语等。

1. 成语

成语是最能体现固定短语特点的一种形式。大多数成语记载了历史事件和历史人物的言行，从中可以窥见历史之一斑，这就是来源于历史故事的成语，如：

四面楚歌　破釜沉舟　完璧归赵　草木皆兵　指鹿为马　怒发冲冠

有些成语蕴涵着深刻的哲理，或用来比喻顽强执着的精神，或用来赞美人们的智慧，或用来嘲讽愚蠢、落后、丑陋的现象，以达到令人警醒和信服的目的，如：

画龙点睛　夸父逐日　精卫填海　守株待兔　刻舟求剑　自相矛盾

有些成语是中华民族生产生活经验的总结，对后人具有启迪和教育意义，如：

任人唯贤　未雨绸缪　出奇制胜　千虑一得　亡羊补牢　精益求精

有些成语反映了中华民族的伦理道德观念和勤劳进取的传统美德，如：

礼尚往来　彬彬有礼　肝胆相照　见义勇为　谦虚谨慎　风雨同舟

2. 惯用语

惯用语是汉语中很有特色的一种固定短语，是人们口语中习用的结构相对定型而意义高度完整的固定短语，大多为三音节述宾结构，如：

开夜车　走后门　钻空子　磨洋工　泼冷水　踢皮球

———————————

① 参看潘文国：《实用命名艺术手册》，华东师范大学出版社，1994年。

吹牛皮　穿小鞋　碰钉子　扣帽子　耍花招　挖墙脚

四音节及四音节以上的不如三音节的多，如"唱对台戏""捅马蜂窝""钻牛角尖""喝西北风""狗眼看人低"等。从内部结构关系看，除述宾结构外，也有一些偏正结构的，如"铁公鸡""铁饭碗""大锅饭""半瓶醋""墙头草"等。

3. 歇后语

歇后语是汉语特有的一种固定短语形式，由两部分组成，前半部分是形象的表达，后半部分是对前半部分的解释说明。歇后语幽默、风趣、生动，有的是对生产生活经验的总结，有的富有哲理性，如"哑巴吃黄连——有苦说不出""黄鼠狼给鸡拜年——没安好心""猪八戒照镜子——里外不是人""泥菩萨过江——自身难保""姜太公钓鱼——愿者上钩""千里送鹅毛——礼轻情义重"等。

4. 谚语

谚语指在民间流传的现成的通俗语句。有的谚语是对农业生产经验的总结，如"庄稼一枝花，全靠肥当家""人误地一时，地误人一年""清明前后，栽瓜种豆"；有的谚语反映了人们对气象规律的认识，如"朝霞不出门，晚霞行千里""清明断雪，谷雨断霜"；有的总结了卫生保健知识，如"人是铁，饭是钢，一天不吃饿得慌""千金难买老来瘦""早吃好，午吃饱，晚吃少"；有的是对品德修养、价值观念的评价以及对社交处世的态度，如"害人之心不可有，防人之心不可无""明人不做暗事""酒逢知己千杯少""天下乌鸦一般黑"；有的充满了哲理，如"三个臭皮匠，顶个诸葛亮""众人拾柴火焰高""磨刀不误砍柴工""只要功夫深，铁杵磨成针"，等等。

（四）征喻词语

征喻词语是指在民族文化的基础上形成的具有象征意义和联想意义的词语。征喻词语通过具体事物的形态习性特征表示一种抽象的意义。唐代诗人王维写有诗句"红豆生南国，春来发几枝，劝君多采撷，此物最相思"，于是人们使用"红豆"象征相思和爱情。竹子因挺拔有节、质地坚硬，具有"高风亮节"，因此人们用竹来象征正直、坚贞、有气节，中国历代文人墨客创作了大量的赞竹、咏竹的诗画，苏东坡就曾写过"宁可食无肉，不可居无竹"的诗句。鸳鸯雌雄终日相守，一刻不离，因此被用来作为恩爱夫妻的象征。乌鸦长相丑陋，叫声悲悽，常栖息于坟地的树上，令人厌恶，人们用它象征不祥。莲花象征纯洁、正直、清雅、谦虚等品格，因为莲花有"出淤泥而不染，濯清涟而不妖""中通外直，不蔓不枝，香远溢清"的品格，有"花中君子"的美称。在不同民族的文化交往中，如果不懂得某些词语的象征意义，则容易闹出笑话。在汉民族的传统文化中，人们用"冰"和"玉"象征高贵纯洁，所谓"冰清玉洁"就是这个意思。唐代诗人王昌龄曾在《芙蓉楼送辛渐》一诗中写道："寒雨连江夜入吴，平明送客楚山孤。洛阳亲友如相问，一片冰心在玉壶。"一位外国友人将最后一句翻译成：Tell them, "an icy heart in vase of jade"（告诉他们："一颗冰冷的心在玉石瓶子里"）。可见征喻词语具有显著的民族性。

颜色词是征喻词语当中特殊的一类。汉语中有丰富的颜色词，富有深厚的民族文化色彩，与社会文化有着密切的关系。比如红色是一种"国色"，代表喜庆、吉祥、兴旺和胜利。春节的春联是红的，剪纸是红的，新娘穿的衣服是红的，喜字是红的，新郎新娘胸前戴的花是红的。人们创造了"大红人""大红大紫"等词，表示受人欢迎的意思。红色所具有的政治色彩也最为浓厚，常被用来象征革命和进步，如"红旗""红军""又红又专""红卫兵"等。与红色相对，在中国古代文化里，白色代表不祥，"白丁"是没有功名的人，舞台上的"白脸"则代表奸诈。在政治上，白色象征反动和落后，如"白区""白专""白色恐怖"等。

颜色词的象征意义并不是单一的，而是具有多重性的。"白色"除有上述象征意义外，也代表纯洁和无辜，如"清白""洁白""白衣天使"等。"红"除了是吉祥喜庆之色外，也是"囚犯之色"，这源于古代的刑罚制度，被示众的死囚胸前牌子上的名字划的是红色的叉号，布告上的死刑犯的名字上划有红勾。

绿色象征希望、生机和活力，但在汉语里也有令男人深恶痛绝的"绿帽子"，表示由于妻子的不贞而使丈夫受辱的意思。

（五）典故词语

典故词语来自典故，具有丰富的文化内涵，在理性意义之外表现出强烈的文化色彩。其意义与字面义相距甚远，即其理据是潜隐的而不是外显的，如"红娘"一词出自元代王实甫的《西厢记》，因侍女红娘促成了小姐崔莺莺与张生的结合，后来"红娘"就成为帮助别人结成美满婚姻的人的代称。又如"桑梓"一词来自《诗·小雅·小弁》中的"维桑与梓，必恭敬止"，意思是家乡的桑树和梓树是父母种的，对它要表示敬意，后人用来借指故乡。"涂鸦"一词来自唐代卢仝《示添丁》的"忽来案上翻墨汁，涂抹诗书如老鸦"，后用"涂鸦"形容字写得很坏（多用作谦辞）。"妃子笑"来自杜牧《过华清宫》："一骑红尘妃子笑，无人知是荔枝来"，后人用来命名一种荔枝。传说唐代诗人贾岛骑着驴作诗，得到"鸟宿池边树，僧敲月下门"两句，第二句的"敲"又想改用"推"字，犹豫不决，就用手做推、敲的样子，这时碰上了韩愈。韩愈认为用"敲"字好。后人因此就用"推敲"来比喻斟酌字句，反复琢磨。

此外，"月老""黄泉""知音""染指""鸡肋""徐榻""忘年""江郎才尽""割席""问鼎""先鞭""四知金"等都是典故词语。

典故词语意义具有单一性，这与征喻词语既有字面义又有比喻联想义是不同的。典故词语有双音节、三音节、四音节、五音节等，同时每个典故词语都是有典故来源的，这是不同于成语的地方。

（六）制度词语

制度词语是指反映汉民族社会特有的政治、经济、文化、军事等各方面制度的词语，如"饭碗"本义是指盛饭的碗，后用来比喻赖以谋生的职业，因此"丢饭碗"指失去工作或职位，"铁饭碗"比喻非常稳固的职业、职位，特指某些单位用工制度上的终身制。又如"半边天"本义是指天空的一部分，后来由于毛泽东在新中国成立后提出了"妇女能顶半边天"的口号，对妇女在社会发展中的作用给予了客观合理的评价，妇女拥有了与男人平等的地位和权利，人们就用"半边天"借指新社会的妇女。其他制度词语还有"离休""全国人大""妇联""一国两制""三个代表""共青团""双规""双开""红通""一带一路"等。制度词语反映了中国在社会发展进程中的制度、政策或重大事件，对于外国学生了解中国社会具有重要作用。

（七）社交词语

社交词语是指反映汉民族在社会交往中所使用的表示称谓、道别、致歉、恭维、赞扬、谦敬、委婉、禁忌以及詈骂等行为的词语。社交词语对于学习者跨文化交际能力的培养具有重要意义。以下从称谓、委婉和詈骂三个方面进行简单的说明。

1. 称谓语

称谓语是人们用来表示被称呼者的身份、地位、职业等的名称的词语。汉语有复杂的称谓系统，反映了中国千百年来形成的宗法、社会、家庭关系等，可分为亲属关系称谓语、社会交际称谓语两大类。

亲属关系称谓语分为血亲和姻亲，而血亲又有宗亲、外亲之别，宗亲指与自己同姓的亲属关系，包括曾祖父母、祖父母、父母、兄弟姐妹、儿女、孙子孙女等；外亲指与自己有血缘关系但不同姓的亲属关系，如外祖父母、母亲的兄弟姐妹、自己的表兄弟姐妹及其子女、自己女儿的子女等。姻亲是指由于婚姻关系而形成的亲属关系，包括自己的配偶以及配偶的父母和兄弟姐妹、自己兄弟姐妹的配偶、父母的兄弟姐妹的配偶、堂（表）兄弟姐妹的配偶等。亲属称谓语根据使用场合的差异，分为用于当面称呼的面称称谓语和不用于当面称呼的背称称谓语两种。

社会交际称谓语包括泛化了的亲属称谓语，即用于亲属关系之外的亲属称谓语，也有人称之为礼俗性亲属称谓语，如：

老大爷　老奶奶　阿姨　大婶　大叔　大妈　大伯　大哥　大姐　老弟

社会称谓语也包括现代社交称谓语，包括对尊者、长者的称谓，如：

吴老　吕公　王先生　赵太太　杨小姐　江院长　徐老师　梁师傅

2. 委婉语

语言中用来代替不便直说之辞的词语就是委婉语。不便直说之辞称为禁忌语，委婉语与禁忌语具有不可分割的关系，委婉语是禁忌语的替代者。汉族人的禁忌词语从内容上分，主要有以下几方面：

与"死"有关的。长生不死是人类的愿望，然而也是人类目前仍难以实现的梦想，"死"对每一个生命来说，都是可怕的悲哀的事情，因此人们忌说"死"字，常用各种委婉词语代替，比如现代汉语中用于伟人、名人的委婉语有"逝世""辞世""流尽了最后一滴血""安详地睡着了"等，用于因公死亡的委婉语有"牺牲""就义""献身""捐躯""殉职""阵亡"等，用于亲友的委婉语有"去世""病故""过世""谢世""下世""上路了""走了""安息""不在了""老了""没了""永远离开了""睡着了"等，用于一般人的委婉语有"断气了""去火葬场了"等，用于贬义的有"一命呜呼""见阎王""蹬腿了""完蛋了""下地狱了""进棺材了""吹灯了""拔蜡了""上西天"等。

与"性"有关的。与"性"有关的行为、现象和器官都是人们忌说的，如把性行为称作"云雨""房事""做爱""同房""同床""上床""睡觉"等，把情欲称为"春心""春情""怀春""思春"等，把怀孕称为"有了""有喜了"等。由于委婉语具有变异性和更替性，随着时间的推移，旧的失去了委婉性，就会产生新的来代替，比如贴身的内裤原本称为"裤衩"，后来用"裤头"来指称，现在则用"内裤"代替。

与排泄行为有关的。由于排泄行为是不雅的，排泄物是脏的，人们忌讳直接使用"拉屎""撒尿"等词，而是用委婉语"大便""小便""上厕所""解手""出恭""更衣""净手""如厕""去洗手间""方便一下"来代替。人们也会避用"厕所""茅厕""茅房"等词，而用"卫生间""洗手间""盥洗室"等来代替。

与谐音有关的。汉族人中有一种不成文的规定：梨不能分着吃，探望病人也不能送梨，因为"梨"让人想起"离"，"分梨"让人想到"分离"。新娘不能吃瓜类，因为"瓜"与"寡"同音，会引起不吉利的联想。看望老人和病人也不能送钟表，因为"送钟"与"送终"同音，易使人产生令人忌讳的联想。

3. 詈词

詈词是用来詈骂他人的词语。詈骂是人类一种重要的极端消极情绪的宣泄形式，任何一个民族都不能排除，因此任何一种语言都有詈词。詈词是汉语词汇的组成部分，且是常听、常见甚至是不能不用的词语，无论多文明的人都不能例外。外国人和外族人学习汉语，这部分词汇也是不能忽视的。曹炜对《现代汉语词典》中的詈词进行了统计和研究，分为三类：

（1）专用詈词，即该词只用于詈骂，不作他用。如：

不要脸　滚蛋　狐狸精　浑蛋　杂种　败类　衣冠禽兽

贱人　王八　瘪三　败家子　缺德　骚货

（2）有时用作詈词，有时用作戏谑语，如：

懒虫　傻瓜　窝囊废　蠢货　呆子　饭桶　哈巴狗　胡说　糊涂虫

（3）有时用作詈词，有时用作非詈词和戏谑语，如：

畜生　婊子　哑巴　有病

二、国俗词语的教学方法

（一）直观法

名物词语所表示的事物都是具体的，是直观可感的，因此对这些词语适于采用形象的直观法，如展示实物、图片让学生具有感性的认识，也可以通过多媒体的音像播放，通过视觉、听觉等的刺激让学习者了解这些词语所表示的意义。比如可以向学习者展示天安门、华表、字帖、旗袍等的图片，让他们认识词语所代表的事物，用多媒体音像产品向学习者展示长城的全貌或演示针灸的过程，也可以播放京剧《霸王别姬》《苏三起解》等的片断，让学习者感知和领会京剧的神韵和特点。当然多媒体视听法有时会受到客观条件的限制，应根据学习者的汉语水平、学习者的兴趣程度、教学设施、教学计划等实际情况进行合理安排。直观法与教师的言语释义结合起来，简明易懂，生动形象，同时也可丰富课堂教学的形式，活跃课堂气氛。

（二）理据法

对于专名词语、熟语、典故词语和征喻词语，教师应先说明字面的意义、内部结构以及本义，再指出引申义和比喻义等，遵循从具体到抽象的原则，显示抽象义的理据，便于学习者理解和掌握。如"穿小鞋"这个惯用语，字面意义是穿比脚的实际尺寸小的鞋，而这样的鞋穿起来自然是不舒服的，因此用来比喻报复别人、刁难别人、难为别人，这是这个惯用语的规约意义，也就是说，字面意义一般是自由短语的意义，而惯用语的意义是在自由短语意义的基础上加以引申凝固产生的，揭示出这种衍生关系，有利于学习者由具体到抽象地理解词语的意义。菊花为什么有"坚毅"的国俗语义呢？这是因为菊花开放于秋末冬初，具有凌霜耐寒的特点。又如"割席"为什么是"跟朋友绝交"的意思呢？此词出自《世说新语·德行》：三国时管宁跟华歆同席读书，后来管宁鄙视华歆的为人，与他割席而坐，两人绝交。有一味中药叫"党参"，这种人参，为什么前面要加"党"字呢？原来该人参产于山西省上党地区，就用"党"字代表"上党"。在教学过程中，除讲清词语的字面义外，更要强调通过引申、比喻等手段生发出来的国俗语义等抽象含义，比如把"守株待兔"的故事讲给学生听，告诉他们这个成语的寓意是比喻不努力而想获得成功。这些无疑都是对词义理据的说明。

（三）对比法

在国俗词语教学中，汉语与外语的对比，汉语不同种类的词语之间的对比都有助于加深学生的认识和理解。不同语言有些词语有相同的语义蕴涵，这可以给学习带来正迁移的影响，因此不需要特别加以讲解。比如汉族人认为"狐狸"是狡猾的动物，有"老狐狸"等词语，而在英语中，相应的"fox"同样有"诡计多端、狡猾"的象征意义，比如英语就有"as sly as a fox"的说法。又如鹦鹉可以机械模仿人的言语，因此有"鹦鹉学舌"这个成语，表示人云亦云，没有独立见解，而在英语中与其对应的"parrot"也表示人云亦云、机械模仿，或者用来指称重复别人的话而不解其义的人。[1]

需要认真对待的是那些汉外不同的国俗词语，讲清这些差别，可以避免母语负迁移造成的偏误。比如在亲属称谓系统中，汉族人非常重视亲疏长幼关系，而西方民族则比较笼统，分别并不细致，例如汉语的"哥哥"和"弟弟"，英语以"brother"一词对应，"姐姐"和"妹妹"只以"sister"来指称。中西动物詈词也有很大的不同，比如英语的"You horse!"是"你这个笨蛋！"

---

[1] 参见陈雪梅：《动物词语的国俗语义差异与英语词汇教学》，《安徽电子信息职业技术学院学报》，2005年第1期。

的意思，"You dragon!"是"你这个暴君！"的意思，①而汉语并不以"马"和"龙"来骂人。

　　动物国俗词语语义的民族差异也比较典型。比如汉语的"龙"就有特殊的内涵，它是中华民族的图腾，"龙的传人"让中国人引以为自豪，汉语中很多词语含有"龙"字，如"望子成龙""龙腾虎跃""龙飞凤舞""龙骧虎步"等，这些成语都含有褒义；而在英语中，dragon（龙）是替魔鬼看守财宝的凶悍怪物，有三头，会喷火，是"恶魔""凶暴的人""凶神恶煞""凶恶暴烈"的代名词，"the old dragon"是"魔王"的意思，"His wife is a dragon"的意思是"他老婆很凶"，总之，在西方人的观念中，"dragon"是凶恶的象征。②又如鹤在汉民族文化中象征长寿，在日本象征幸福，而在英国却被认为是丑陋的鸟，在法国代表蠢汉和淫妇。③喜鹊在中国是吉祥的象征，在西班牙却被视为贼鸟。猫头鹰在汉语中指凶事出现前的征兆，在英语中却是象征智慧的鸟，有"as wise as owl"的说法。牡丹国色天香，被国人誉为花中之王，而英语中的"peony"则无此义。在不同的语言中，国俗词语的感情色彩也可能是截然不同的，如孔雀在汉语中象征着吉祥，而在英语中却有"骄傲、喜欢打扮"的含义，具有贬义色彩，如"as proud as a peacock"。因此应提醒学习者对于国俗词语不能仅从字面上进行理解或翻译，如"红得发紫"如果译成英语，应为"enjoying great popularity"，"红榜"应译为"honour board"，"红白喜事"应为"weddings and funerals"，"白区"应译为"The Kuomintang-controlled Area"（国统区）。④让学习者了解汉语国俗词语与自己母语的差异，也有助于他们跨文化交际能力的不断增强。这需要教师熟悉学习者母语中相应词语的表达形式，比如"落汤鸡"在英语中的表达形式为"a drowned cat"，"胆小如鼠"的表达形式为"as timid as a rabbit"，"热锅上的蚂蚁"的表达形式为"a cat on hot bricks"。了解国俗词语的民族差异对于跨文化交际的良性互动具有积极的意义，可以避免一些不良后果的产生，比如中国生产的"白

① 曹炜：《现代汉语词汇研究》，北京大学出版社，2004年。
② 许光烈：《谈对外汉语的词汇教学》，《五邑大学学报（社会科学版）》，2005年第3期。
③ 林宝卿：《汉语与中国文化》，科学出版社，2000年。
④ 江宏：《汉英颜色词文化学探析》，《广西大学学报（哲学社会科学版）》，1999年第4期。

象"电池就曾将品牌名直译为"White Elephant"出口到西方国家，结果产品滞销，原因是英语中的"white elephant"表示"大而无用的东西"。

此外，汉语的成语、惯用语之间也存在着较多的差异，也可以进行对比教学。比如，成语以四个音节为主，字面上表现为四字格，形式非常固定，其中的成分不可以改变顺序，也不可以添加或删除任何成分，而且大多有出处，书面语色彩强；而惯用语则以三音节居多，多出自民间，口语色彩强，中间可以有限制地插入一些成分，如"拍领导的马屁""碰了一回钉子""出他的洋相""看他的笑话"。由于惯用语比喻性强，总体来说比成语更生动、形象、风趣。另外，惯用语大都具有贬义色彩，同时带有浓厚的历史、文化、社会、民俗色彩。

（四）核心词归类法

在教学过程中，对由核心词构成的系列国俗词语进行归纳，便于学生理解蕴含其中的文化含义，体会其中的感情色彩，比如狗是受人喜爱的动物，因为它对主人极尽忠诚，但是在汉语中却多含贬义，且多用作詈骂之词。现代汉语中由"狗"组成的词语多表示鄙视、厌恶之意，其中的"狗"用来指称那些巴结逢迎权贵的人、出卖灵魂没有人格国格的人以及低贱没有价值的事物等，如：[1]

走狗　疯狗　恶狗　野狗　狗屁

哈巴狗　丧家狗（犬）　看门狗　癞皮狗　落水狗

狗崽子　狗屎堆　狗杂种　狗腿子　狗咬狗

帮狗吃屎　狗皮膏药　狗头军师　狗血喷头　狗仗人势　狗急跳墙

蝇营狗苟　狗血喷头　鸡鸣狗盗　鸡零狗碎　狐朋狗友　狼心狗肺

狗尾续貂　偷鸡摸狗　人模狗样

狗眼看人低　狗改不了吃屎　狗嘴吐不出象牙　痛打落水狗

狗咬吕洞宾——不识好人心　狗咬耗子——多管闲事

汉族人喜欢龙，以"龙的传人"自称。龙也是封建帝王的象征，皇帝被

---

[1] 常敬宇：《汉语词汇与文化》，北京大学出版社，1995年。下面的"龙"字词语也参考了此书。

称为真龙天子，皇帝的子孙称为龙种，即龙子、龙孙。与皇帝身体有关或皇帝使用的东西多冠以"龙"字，如：

龙飞——皇帝即位

龙颜——皇帝面容

龙体——皇帝身体

龙座——皇帝的宝座

龙袍——皇帝绣有龙形图案的袍服

龙床——皇帝用的床

龙椅——皇帝用的椅子

龙帐——皇帝用的床帐

龙被——皇帝绣有龙形图案的被子

龙剑——皇帝用的刻有龙形图案的宝剑

又比如汉语中表示"男子的配偶"义的词语有：

夫人　太太　爱人　妻子　内人　媳妇　老婆　我们家那口子　孩子他妈

某一方面最杰出的人物往往被称为"×圣"，如：

书圣——王羲之

医圣——张仲景

画圣——吴道子

琴圣——俞伯牙

诗圣——杜甫

茶圣——陆羽

这些词语容易联想和记忆，适当地介绍给学习者，可以增加他们对中国古代科学文化的了解，引发他们对中国古代文化的兴趣，同时也可以扩大词汇量，使他们进一步体会到汉语词语的结构特点。

（五）语境法

语境的主要作用是显示词语的语义、体现用法和语用条件。对于国俗词语而言，语境的作用尤为重要。由于民族文化心理不同、思维方式不同、价值取向不同，国俗词语具有字面意义之外的文化含义，语用也表现出更强的条件性。同时，语境也便于教师发现学生各种类型的错误。

首先，由于国俗词语具有完整定型性，因此不可随意添加或删除其中的成分，这是需要向学习者指明的，如果强调不够，有的学习者难免会造出下面的句子：

*昨天我开了一夜夜车。①

*你平时成绩那么好，这次考试我敢打一张保票。

以上两例分别在惯用语"开夜车"和"打保票"中错误地添加成分。又如：

*别给我戴帽。

*他是个热肠，谁有困难都会帮一把。

以上两例分别对惯用语"戴高帽"和"热心肠"错误地删减了"高"字和"心"字。

其次，对词语功能的不了解也会发生偏误，因此一定要给出语例和语境。比如讲解"想方设法"这个成语时，我们可以给出例句：

我刚来中国的时候，由于语言不通，遇到了很多困难，我的中国朋友总是想方设法帮我解决。

通过这个例句，可以看出"想方设法"是"努力想各种办法"的意思，在句中充当状语。例子从正面实现了对该成语的意义和句法功能的具体化，与此同时，也可以通过偏误例句从反面进行说明，如：

*这件事很麻烦，我们一起想方设法吧。

此句错在把"想方设法"用作了谓语，而它只能作状语。这是需要提醒学习者注意的。

再其次，对于一些固定短语，学习者极易出现的问题是语用不清，在使用的对象和场合上发生错误，因此在讲解的时候要加以强调，同时给出正反例句，如：

他是一个沉默寡言的人，平时话很少。

---

① 此例和以下偏误语例来自李国慧：《惯用语与对外汉语教学》，《佳木斯大学社会科学学报》，2005年第4期。

*他沉默寡言了一会儿，又继续谈了下去。①

成语"沉默寡言"的意思是不爱说笑，用来形容人的性格，而不是用来表示一个人的行为，多用作定语，作谓语时不可在后面加"了"和时量补语等。又如：

由于他在全国数学比赛中取得了第一名的成绩，所以在这所学校里是一个赫赫有名的人物。

*这个人做了很多坏事，在这个地方赫赫有名。

成语"赫赫有名"用来形容名声很大，很显赫，是褒义的。上述偏误产生的根源在于不懂这个词的感情色彩。又如：

他太喜欢那本书了，简直是爱不释手。

*你明知道他是个花花公子，怎么还对他爱不释手？

成语"爱不释手"是"喜爱得舍不得放下"的意思，一般指的是对可以拿在手里的东西的喜爱，不能用来说明对人的喜欢和爱。又如：

他对工作非常投入，经常夜以继日地工作。

*我感冒了，夜以继日地发烧。

成语"夜以继日"形容日夜不停地从事某个活动，常用来突出一种勤奋精神，是褒义的。上述偏误错在"发烧"不是一种自主的活动，也不是一种积极的行为。又如：

这些女同学在这次活动中充分发挥了半边天的作用，使整个活动进行得很顺利。

*我们几个男同学是我们班的半边天，有活动都是我们来组织。

发生上述偏误的原因在于学生不了解"半边天"是专指女性的，不可用于男性。又如：

千万不能缺课太多，否则取消考试资格，可没有后悔药啊。

*我昨天买了一块手表，可是今天就坏了，我吃了后悔药。②

---

① 以下三个偏误例句来自魏庭新：《外国学生学习汉语成语的难点分析及对策》，《云南师范大学学报（对外汉语教学与研究版）》，2007年第2期。

② 以上两例偏误来自李国慧：《惯用语与对外汉语教学》，《佳木斯大学社会科学学报》，2005年第4期。

"没有后悔药"常用来劝说别人不要做某事，一般用于否定句或反问句中。

此外，语境法教学也包括教师在课堂上适当使用目标词语，给学生提供现实的范例，比如在表达"使某人为难"的意思时，可以用上"给……出难题"。同时也应适当地鼓励学生在课内外使用国俗词语，这也是他们迅速融入目的语社会，获得操母语者文化心理认同从而获得学习成就感的一个有效途径。

第四节　语块的教学

语块在语言中具有重要的作用，但是以往没有给予应有的注意和重视。语块教学对提高汉语教学的效率和质量具有特殊的意义。本章拟对汉语六种语块的教学逐一进行探讨。

一、多词结构的教学

多词结构具有形式上的完整定型性，语义具有凝固性和规约性，因此可以将这样的结构按现成的词处理，如：

意味着　冉冉升起　茁壮成长　撒腿就跑　仅次于　三下五除二
做两手准备　用来　吓了一跳　来真的　不好意思

这类结构往往是如果其中的一个实词出现，另外的词也一定出现，如动词"意味"后跟"着"，副词"冉冉"后跟"升起"，形容词"茁壮"后跟"成长"等。这类结构中有的语块的意义往往不是字面意义的简单组合，而是经过凝固化的过程形成了抽象的语义，如"不是滋味儿"是"（心里感到）不好受"的意思，"一口吃成个胖子"是"企图以短时较小的努力获得巨大的成功"的意思，"想开点"是"接受对自己不利的现状，摆脱消极沮丧的情绪"的意思，"这不"表示人或物正如所关心或所期待的那样，等等。

这类结构有的存在否定结构，如"往心里去""说了算""看上""拿得起来"等，有的没有，如"没完没了""这不"等；前者的否定形式也不尽相同，如"别往心里去""说了不算""看不上""拿不起来"。

多词结构有的与自由短语同形，凝固化语义与自由短语义的区别宜通过练习向学习者予以说明，如：

A. 她以前没干过，家务活样样拿不起来。

　他这个人说行，做的时候就拿不起来了。

B. 这个箱子也太重了，我拿不起来。

鸡蛋碎了，我拿不起来了。

可以让学习者对两组句子中的"拿不起来"进行比较，并要求他们用不同的意思做模仿造句的练习。A组句中的"拿不起来"是多词语块，意思是"做不好"，B组句中的"拿不起来"是自由短语，语义由三个词"拿""不""起来"组合而成，即"不能用手将某物向上或其他方位移动位置"的意思。

针对目标语块教师可以先出示例句，让学习者自己观察例句，总结规律，如针对"动不动"教师提供如下例句：

这个小女孩动不动就哭。

爸爸脾气不好，动不动就骂我。

教师启发学生思考："'动不动'常跟哪一个词一起使用?"学习者很容易发现是"就"；教师再进一步启发："'动不动就'后面的词语表示的意思是好的还是不好的?"学生会发现表示的都是不好的意思。教师接着问："动不动就"可以用哪一个词代替? 学生会说"经常"，教师应该给予肯定，同时应说明"经常"后所跟的词语表示好的意思或不好的意思都可以，而"动不动"则是有要求的。最后教师来概括："动不动"表示很容易产生某种行动或情况（多指不希望发生的）。

有的多词语块可以分解为另外的形式，但用法也发生变化，将这几种不同形式的用法特点通过例子进行比较和说明，一方面可以使学生对该语块的含义及其构成有较深的认识，另一方面可以学会相同"构件成分"的变换组合方式，从而做到灵活运用，如：

筷子是用来吃饭的。→我们是用筷子来吃饭的。

围巾是用来防寒的。→人们用围巾来防寒。

词典是用来查找词语的。→人们用词典来查找词语。

火可以用来取暖和做饭。→我们可以用火来取暖和做饭。

"用来"是一个语块，"用来"句的格式为"某物+用来+动词"；"用来"也可以拆解为"用……来……"，格式为"人+用+物+来+动词"。

二、插入语的教学

作为句法外成分，属于传信系统的插入语是学习的难点之一。传信系统是与时体系统、语气系统及情态系统并存的一种表达系统，其功能的展示宜在具有立体维度的语境中进行，以体现使用的场合和条件，因此语境教学法成为首选之法。比如传信语"实不相瞒"，表示所说的是真实的，但是在什么样的情况下使用，具体的位置如何呢？那就需要提供具体可感的语境和具体的示例。比如，一个人得了重病，而他的身边又没有其他亲人，当他询问医生的时候，医生有可能把实情告诉他："实不相瞒，你的病很严重。"当一个老师对一个话题津津乐道的时候，也许有的学生会说："实不相瞒，我对这些不感兴趣。"通过例句和语境的展示，学习者不难发现，"实不相瞒"往往用在一个一般情况下说话者不应该或不适宜说出事实或真实想法的场合，也就是说，在一般情况下应该是"瞒"的。教师可以提供语境，让学生用"实不相瞒"来表达，比如：一个男生偷偷地爱上了一个女生，别人都看出来了，当别人问他这是不是真的时，他可能会说——

实不相瞒，我确实爱上她了。

另外，有些插入语不论从字面还是从语义上来说，都有相近之处，因此有必要加以比较，以免两者混用，如"看起来"与"看上去"我们可以用如下例子进行区别：

到现在他都没有来，看起来不会出席了。

你的脸色看上去不太好，身体不舒服吗？

"看起来"表示根据全面的情况进行总的判断，后者仅限于从表面上看到的情况进行判断；"看起来"也可以说成"看来"。也可以从反面进行偏误预警，如：

*看来你的脸色很苍白，有什么不开心的事吗？

此例的"看来"应为"看上去"，语序也应调整为：

你的脸色看上去很苍白，有什么不开心的事吗？

三、框架语的教学

对于框架语，教学时应首先指明格式意义，然后说明嵌入成分的条件，再以例句展示句法功能，如"左……右……"表示同类行为的多次重复，嵌入的成分相近或相同，如"左思右想""左说右劝""左看右看""左一趟右一趟""左一封信右一封信"等，此类框架语一般在复句中作小句谓语或在单句中作状语，如：

这件衣服她左看右看，越看越喜欢。

这首歌小王左一遍右一遍地听了不下20遍。

又如"连……带……"具有两种格式意义，一是表示前后两项都包括，嵌入的成分为类义名词或动词，如"连人带马""连本带利""连蔬菜带水果""连吃带拿""连洗澡带理发"等；二是表示动作同时或差不多同时发生，嵌入的成分为类义动词，如"连哄带骗""连蹦带跳""连吃带喝""连说带唱"等。此类框架语一般充当主语或状语，如：

连学生带老师都来了。

连吃带住一共花了五百元。

敌人连滚带爬地逃跑了。

那个女人连哭带喊地进来了。

又如"有……有……"也有两种格式意义，一是表示两方面兼而有之，嵌入的成分是反义关系，如"有头有尾""有利有弊""有喜有忧""有多有少""有赏有罚""有爱有恨"等；二是用来强调某一方面，嵌入的为同义或类义成分，如"有声有色""有板有眼""有说有笑""有理有据""有棱有角""有血有肉""有情有义"等。此类框架语表示第一种意义时一般充当谓语、宾语，表示第二种意义时一般充当谓语、状语、定语或补语，如：

每个人每天学习汉语的时间不一样，有长有短。

做事要有头有尾。

他对员工的考核做到了有赏有罚。

他说话总是有理有据。

约翰有声有色地描述了他在浙江农村过春节的情景。

虽然王老师平时看起来很严肃，但是通过这件事我感到他也是一个有情有义的人。

安娜说得有板有眼，我怎么能不信呢？

又如"……三……四"的格式意义是强调某种重复的行为，嵌入的为同义或相同的成分，构成的语块均为贬义，如"低三下四""丢三落四""推三阻四""说三道四"等。此类语块是动词性结构，可以充当定语、状语、谓语，如：

收起你那些推三阻四的理由，直说好了。

有一天我在路边看见一个乞丐在低三下四地乞讨，很同情他，于是给了他十块钱。

他很粗心，经常丢三落四的。

又如"千……万……"是一种极言其多的格式，能够出现于其中的是经常对举的成分或相同的成分，如"千山万水""千难万险""千锤百炼""千呼万唤""千言万语""千军万马"等。

框架语既有严格的框架约束，又有嵌入成分的多种选择性，也就是说，具有既保守又开放的特点，因此可以根据格式规则进行类推。

四、关联词语的教学

对于关联词语，学习者存在的主要问题是功能相近的往往发生混淆，而解决此问题宜采用同义变换法，即分别用易混的关联词语表达相同的意思，让学习者体会其中的用法差别，如"（除了）……也""不仅……（而且）也"与"又……又……"：

*这个机会除了你，又有利于大家。

这个机会不仅有利于你，（而且）也有利于大家。

这个机会（除了）有利于你，也有利于大家。

这个机会又有利于你，又有利于大家。

又如"之所以……是因为……"是常用的关联词语，"之所以"后说明事情的结果，"是因为"后解释原因，与"因为……所以……"的因果顺序正好相反，我们可以通过两对关联词语之间的对应关系进行变换的示范：

我之所以反对这个提议，是因为它的花费太高。→因为它的花费太高，所以我反对这个提议。

公司之所以派你参加这个会议，是因为领导信任你。→因为领导信任你，所以公司派你参加这个会议。

　　因为在发展中忽视了环境保护，所以这里的污染非常严重。→这里的污染之所以非常严重，是因为在发展中忽视了环境保护。

　　教师在展示例句之后，要求学习者做练习，以达到举一反三、融会贯通的目的：

　　因为害怕父母打他，所以这个小孩说了谎。→这个小孩之所以说了谎，是因为害怕父母打他。

　　金信爱同学之所以获得了留学生奖学金，是因为她学习努力，成绩优异。→因为金信爱同学学习努力，成绩优异，所以她获得了留学生奖学金。

　　通过变换不仅能够发现不同的关联词语之间的对应关系，而且还可以发现使用上的差别，"之所以……是因为……"的句子中，主语用在"之所以"的前面，而在"因为……所以……"的句子中，主语用在"所以"的后面。

　　又如"如果A，就B""即使A，也B"和"无论A不A，都B"都可以表示一种假设，也是学习者经常感到困惑的关联词语，可以用下面的例句让学生体会几者之间的关系：

　　如果不下雨，我们就骑车去；如果下雨，我们就坐车去。

　　即使下雨，我们也骑车去。

　　即使不下雨，我们也坐车去。

　　无论下不下雨，我们都骑车去／我们都坐车去。

　　通过变换比较，可以发现，"如果A，就B"中的A和B没有转折关系，"即使A，也B"有转折关系，"无论A不A，都B"中的A和B是无条件关系。

　　一个格式，教师应用最简单的变换给出同义的表达，这既能让学习者体会到它的意义和功能，同时又能感受到不同形式之间的关系，如：

　　一部好的电视剧能给人以深刻的人生启示。→一部好的电视剧能给人深刻的人生启示。

　　老师的表扬给他以信心。→老师的表扬给了他信心。

　　"给A以B"可以变换为"给AB"，其中的"B"为抽象名词。

五、习惯搭配形式的教学

习惯搭配式语块中的成分是配套使用的，其中一个成分的有无往往决定了句子结构的不同，这是需要用实例向学习者强调说明的，比如：

王老师给我介绍了一个家教，昨天我在食堂跟她见面了。

王老师给我介绍了一个家教，昨天我们在食堂见面了。

"见面"是不及物动词，不能直接带宾语，不可以说"见面……"，如果要引出"见面"的对象，应用"跟"介引出来；反之，则用复数性的词语作主语，"见面"作谓语。

习惯搭配式语块中，有的实词性成分与独立的自由短语同形，比如语块"跟……过不去"中的"过不去"与自由短语"过不去"。对此种情况，进行两者间的比较是必要的。

A. 这么深的河，没有船可过不去。

前面有很多车，我们的车过不去。

B. 你为什么不让我去？这不是跟我过不去吗？

你还是参加我们的晚会吧，别跟大家过不去。①

A组中的"过不去"是由"过""不""去"三个词组成的自由短语，是"不能从一个地点到另一个地点"的意思，B组中的"过不去"与介词"跟"搭配，构成"跟……过不去"的形式，是"为难……"的意思。

习惯搭配式语块中，应注意同义形式搭配词语的差异，以避免"错搭"，比如：

这场台风将给沿海居民造成严重的威胁。

这场台风将使沿海居民受到严重的威胁。

与"造成威胁"搭配的是介词"给"，构成"给……造成威胁"的形式，与"受到威胁"搭配的是"使"，构成"使……受到威胁"的形式，尽管两者表达的语义是相同的。

有的习惯搭配式语块有相近的非语块形式的表达形式即词语形式，这种

---

① 引例出自刘德联、刘晓雨编著：《中级汉语口语（下册）》，北京大学出版社，1997年。

情况应注意它们在语义和句法上的不同，如"应……之邀""应邀"和"接受了邀请"：

应美国总统之邀，中国国家主席对美国进行友好访问。

中国国家主席应邀对美国进行友好访问。

中国国家主席接受了邀请，对美国进行友好访问。

"应……之邀""应邀"和"接受了邀请"都有"接受邀请"的意思，但"应……之邀"必须引出邀请者，是语块结构，在句中作状语；"应邀"不能带出邀请者，在句中作状语；"接受了邀请"可以带出邀请者，也可以不带出邀请者，在句中作谓语。"应……之邀""应邀"多用于外交等正式的社交场合。清楚了这些差别，学生就不会造出"为欢度新年，学校举行茶话会，所有学生都应邀了"的句子来了。

又如"发源"一词如果在句中作谓语，有"发源于……"和"从……发源"两种表达形式，不同的形式，表示河流源头的名词的位置不同，应用同义例句使学习者明确这一点，并通过练习使他熟练掌握词语变换的技巧：

长江是我国第一大河，发源于青海省，在上海市流入东海。

黄河是我国第二大河，从青海省发源，在山东省流入渤海。

当然，习惯搭配式语块也可以看作是一种广义的框架结构，既然这样，进入框架中的成分势必就有所限制，比如"集……于一身"就要求进入其中的一定是非单一的成分，如：

胡赛因说要找一个集美貌与智慧于一身的女子结婚。

安娜可以说是一个集天使的面容、魔鬼的身材于一身的现代美女。

六、口语惯用句式的教学

口语惯用句式是日常生活中常用的句式，是口语表达的基础，也是衡量学生汉语表达水平的一个指标。对于口语惯用句式，首先应向学生说明句式的意义，然后指出能在此句式中出现的词语，如"一+动词+就是+数量短语"表示的是动作一经发生就达到某种程度，或有某种结果，如：

他一走就是半年。

每次她去超市，一买就是几百元。

这位老先生特健谈，一说就是两三个小时。

她经常在业余时间写些东西，一写就是一大篇。

又如"什么A不A的"表示"A不A"不重要，没有关系，无所谓，其中的A可以是名词、动词、形容词，如：

什么名牌不名牌的，我能给你买一件衣服就不错了。

什么谢不谢的，我们之间还用这么客气吗？

什么好吃不好吃的，吃饱不饿就行了。

又如"除了A还是A"表示只有"A"，没有其他的，形容单一、不丰富，其中的A可以是动词，也可以是名词，如：

他太喜欢中国的美食了，每天想的事除了吃还是吃。

我的身边除了外国人还是外国人。

又如"拿A不当A"表示不懂得珍惜、尊重、爱护A，不知道A的价值，带有不满、否定的语气，A一般为名词，如：

他这个人拿钱不当钱，什么都买。

我的同桌拿课堂不当课堂，当卧室了。

又如"V着V着就……"表示某个动作进行的时候不知不觉进入到另一种状态，如：

昨晚我看电视的时候，看着看着就睡着了。

她说起过去的事情，说着说着就哭了。

又如句式"你看你……"表示埋怨、责怪，前后有说明原因的句子，如：

你看你，怎么又把钥匙弄丢了？

你看你，整天就知道上网，还想不想通过HSK考试了啊？

又如句式"别看A，可B"表示先承认或肯定A，再用"可"引起与A有转折关系的B，语义的重点在B，"别看"只能用在主语前面，如：

别看我不爱照相，可我拍出的照片可是一流的。

别看他长得难看，可他妹妹却非常漂亮。

别看约翰学习汉语的时间不长，可他的水平很高。

又如"也就+数量短语"表示估计数量不大，用于对数量进行大致猜测的情况，数量短语一般为概数，如：

    A.——西餐厅离我们教室远吗？

      ——不远，也就一百米吧。

    B.——她有多大呢？

      ——也就十二三岁吧。

    C.——你和他谈了多长时间的恋爱？

      ——时间不长，也就一两个月吧。

口语惯用句式也少不了用语境显示语用要求，如"可不/可不是/可不是嘛"是用反问的形式表示赞同对方的话，可用如下对话形式作说明：

    A.——农村过春节可热闹了。

      ——可不，家家户户都放鞭炮。

    B.——已经四月份了，天气还这么冷。

      ——可不是嘛，我还穿着两件毛衣呢。

对表示同一功能的口语惯用句式进行归纳，可以使学习者了解多种形式的表达法，如表示赞同义的除了上面的"可不/可不是/可不是嘛"外，还有"还真是""说的是呀""就是""就是嘛"以及"可也是""倒也是"，等等。

每个口语惯用句式都有自己的特点，因此需要教师针对具体情况施以不同的教学方法，同时加强练习，以达到使学习者理解会用的目的。

本章小结

对外汉语的特殊词语包括虚词、抽象词语、国俗词语和语块，它们在语义、功能和形式上各具特点，是教学的难点和重点。虚词的教学方法主要有对比法、化虚为实法、变换法、语境法、归类法和语素法。抽象词语的教学重在释义，主要有反义法、特例法、语境法、字形法、搭配法、比较法和翻译法。国俗词语包括名物词语、专名词语、熟语、征喻词语、典故词语、制度词语和交际词语，一般采用直观法、理据法、对比法、核心词归类法和语境法。语块形式不同，教学方法亦有别。

思考题

1. 虚词的教学方法有哪些？
2. 举例说明抽象词语的教学应如何进行。
3. 国俗词语有哪些种类？
4. 语块有哪些种类？
5. 框架语和口语惯用句式如何教学？

本章主要参考文献

曹炜：《现代汉语词汇研究》，北京大学出版社，2004年。

高燕：《浅谈对外汉语的虚化趋向动词补语教学》，《吉首大学学报（社科综合版）》，2001年第2期。

何杰：《现代汉语量词研究》，民族出版社，2000年。

林宝卿：《汉语与中国文化》，科学出版社，2000年。

刘德联、刘晓雨编著：《中级汉语口语（下册）》，北京大学出版社，1997年。

陆俭明、王黎：《开展面向对外汉语教学的词汇语法研究》，《语言教学与研究》，2006年第2期。

李国慧：《惯用语与对外汉语教学》，《佳木斯大学社会科学学报》，2005年第4期。

李晓琪：《论对外汉语虚词教学》，《世界汉语教学》，1998年第3期。

潘文国：《实用命名艺术手册》，华东师范大学出版社，1994年。

王还：《"ALL"与"都"》，《语言教学与研究》，1983年第4期。

赵菁主编：《汉语听说教程（下）》，北京语言文化大学出版社，2000年。

郑懿德、陈亚川：《"除了……之外"用法研究》，《中国语文》，1994年第1期。

第五章

词汇的巩固和扩展

　　词语的释义在词汇教学中占有举
足轻重的地位，而词汇的巩固和扩展
也是不可忽视的，因为巩固已学词语
知识才能最终完成对一个个具体的词
的学习，而词汇学习是终生的行为，
词汇量与表达的准确、生动密切相关，
因此了解和掌握扩展词汇的方法非常
必要。

第一节　词汇的巩固

　　词汇巩固是在对词汇的音形义有了感知，对词汇的用法有了一定的了解之后必不可少的步骤，是学习的一个重要环节。在这个环节里，可从不同的角度对所学词语进行归纳和练习。练习的形式灵活多样，不拘一格，宗旨就是要达到温故知新、提高语言技能的目的。

一、词语归纳

（一）同音词的归纳

　　语音相同而意义完全不同的一组词叫做同音词。同音词包括两类，一类是书写形式也相同的，称为同形同音词，如"花钱"的"花"和"花朵"的"花"、"米饭"的"米"和"米尺"的"米"、"相机（名词，照相机）"和"相机（动词，察看机会）"、"仪表（人的外表）"和"仪表"（测定温度、气压、电量、血压等的仪器）"、"生气（因不合心意而不愉快）"和"生气（生命力；活力）"；一类是书写形式不同的，称为异形同音词，如"在"和"再"、"带"和"戴"、"年轻"和"年青"、"反映"和"反应"、"就是"和"就势"、"必须"和"必需"、"兑换"和"对换"、"娇气"和"骄气"、"形式"和"形势"。

　　异形同音词是错别字现象产生的一个重要原因，应特别加以重视。教师应注意收集学习者易混的同音词，在教学中从字形、词义以及语法功能等方面进行对比分析，可以采用选词填空、组成短语等形式进行练习（下面将要谈到的练习形式中将会涉及）。区别同音词是词汇巩固的基础。

（二）同形词的归纳

　　书写形式相同而意义不同的一组词（字）叫做同形词（字），根据读音是否相同，又可分为异音同形词（字）和同音同形词（字）。"长（zhǎng）"

和"长（cháng）"、"量（liáng）"和"量（liàng）"、"得（děi）"和"得（dé）"、"自然（zì·ran）"和"自然（zìrán）"、"孙子（sūn·zi）"和"孙子（Sūnzǐ）"等是异音同形词。"米（稻米、大米）"和"米（国际长度单位）"、"怪（奇特）"和"怪（责怪）"是同音同形词。

如果学习者容易混淆的同形词能够在一个句子中出现，那么便可以集中展示和比较它们之间在语音、词义和语法功能上的不同，如为了区别"长（zhǎng）"和"长（cháng）"，可以使用这样的句子："我的头发长长（zhǎng）长（cháng）了"，其中尽管两个"长"字写法相同，但读音和意义以及功能都不相同，两者的区别一目了然。

除了书写形式完全相同的词以外，还有大量的字形相近的字，就是所谓的形近字。由于学习者缺少汉字的部件和理据概念，这些字极易引起他们辨识和书写上的混乱，而汉语母语者除了儿童初学汉字偶有发生混淆的情况以外，很少会在不相干的字之间产生这样错误的联系，因此教师平时应善于从学习者的读写练习中发现和积累这些字，在练习中帮助他们辨认和识记，以下就是一些学习者常常写错的形近字：[①]

叹——汉	盼——份	鸟——乌	鸣——呜	贬——眨
僵——疆	滴——摘	组——租	吵——炒	楼——搂
团——困	竟——竞	圆——园	特——持	审——宙
惊——凉	若——苦	晚——挽	健——键	膀——傍
猎——蜡	情——清	本——末	历——厉	检——脸
体——休	技——枝	推——堆	破——被	坦——但
性——姓	闲——闭	刻——该	幻——幼	士——土
兔——免	晴——睛	农——衣	爱——受	凋——调
向——问	厂——广	住——往	刀——力	心——必
栽——裁——载	操——燥——躁			

---

① 例字来自赵新主编：《中级汉语精读教程》，北京大学出版社，1999年。

（三）多义词的归纳

有两个或两个以上的意义，且意义之间有联系的词就是多义词，在教学中应通过适当形式的练习，使学习者掌握常用的义项并能以习题为范例，学会正确地使用。比如在学过了"好"的一些义项以后，结合具体的实例对它进行如下的归纳：

（1）他学得好。（使人满意的）

（2）他的病好了。（恢复健康；痊愈）

（3）这件事好办。（容易）

（4）事情办好了。（表示完成或目标实现）

（5）雨下得好大啊！（表示程度深）

有的词（字）在具有多义的同时，语音也由于语义的不同而不同，形成多音多义词（字），比如"好"除了在上述诸多义项中读作"hǎo"以外，还读作"hào"，表示"喜爱"之义，如"好客""好奇"等。又如"系"有两个读音，读作"xì"时，可以组成词语"汉语国际教育系""联系""直系亲属"等，读作"jì"时，可以组成短语"系鞋带""系绳子"等。总之，教师应采用合适的方式指导学习者复习和巩固学过的多音多义词（字），提高他们分辨字词的自觉性，进而学会正确的读写和运用。

（四）词性的归纳

根据学习的内容和教学的节奏，可以确定不同的复习单元，单元可大可小。在各种不同的复习单元中，可以根据不同生词的特性进行不同角度的归类，以加深学习者对词语特点的认识，提高对词语的熟稔度，其中，依据词性进行归类就是比较常见的一种方法，比如在某一个单元中，都属动词的归入一类，都属名词的归入一类，等等。那些具有特殊功能的词更应注意，比如：

动名兼类词有：

领导　　代表　　编辑　　导演　　研究　　锁　　锄　　锤

动形兼类词有：

丰富　　方便　　活跃　　突出

状态形容词有：

雪白　　漆黑　　墨绿　　枣红　　冰凉　　火热　　金黄

（五）语义的归纳

将某一部分或某一单元所学的词语按照语义类别及构词特点进行归纳，建立起语义关联，可以加深学习者对词义的了解，强化对词语的记忆。如可以把"毛衣""裤子""鞋袜""帽子""手套""羽绒服"等归到一起，建立起"服饰种类"类义词词群；可以把"跑""跳""蹦""蹲""走""踢"等归为一类，建立起"足部动作"类义词词群；可以把"红""蓝""绿""白""灰""黑"等归为一类，建立起"单音节颜色词"词群；可以把"红彤彤""绿油油""金灿灿""黄澄澄""白茫茫""黑漆漆""蓝莹莹"等归为一类，建立起"带叠音后缀的形容词"词群。

（六）主题词的归纳

按事件主题进行词语归类，这种归纳富于联想性，是一种富有发散思维特点的归纳方式，便于打开学习者的思路，有助于他们在语境和情景中记忆词汇，有助于口语的成段表达和书面语的篇章写作。比如：在学过了几篇关于旅游方面的课文之后，可以做如下的主题词归纳：[①]

（1）旅游　游览　度假　欣赏　经过　航行　起飞　降落　招待　迎接
（2）名胜　古迹　景色　风景　文明　文物　神话　传说　见闻　印象

又如，可以将有关中国河流的词语归到一起：

长江　黄河　运河　第一　发源于　流入　开凿　人工　全长　水利工程

这些词语可以这样用来介绍中国的河流：

长江是中国第一大河，黄河是第二大河，它们都发源于青海省。长江在上海市流入东海，黄河在山东省流入渤海。中国还有一条人工开凿的河流叫京杭大运河，全长 1 794 公里，是世界上最长的运河，是古代伟大的水利工程。

---

① 刘珣等编：《实用汉语课本（Ⅲ）》，商务印书馆，1999年。

教师可以和学习者一起根据主题进行归类，选择词语的过程也就是在进行词语入选理由的说明，学习者用来说明的理由便构成了口语段落的表达，之后，教师可以要求学习者进行书面的段落篇章写作，这样，通过对词语的温习和梳理促进了对词语的理解和运用，同时也促进了成段表达能力的提高。

（七）出处的归纳

把一个目标词语在教材中第一次出现于其中的句子以及在一个确定的复习范围里多次再现于其中的句子汇集在一起，可以激活学习者对该词语音形义以及用法的最初记忆。由于是课文中出现的句子，真实自然，有完整连贯的语境背景，所以碰到该词语，学习者就会回忆起在教材中的出处，甚至能把相关的句子背诵下来，那么这个句子就形成了一个范例。通过这种词语出处唤醒的方法可以很好地达到强化记忆、促进理解的目的。[①]

（八）同义词的归纳

通过教师与学习者共同回忆的方式，将出现于教材中不同位置的同义词集中起来，继而再现出处例句，重温一组同义词的用法差异，可以起到强化记忆的作用。比如"从"是较早学习的词，与用作介词的"打"是同义的，但是语体有别："打"是口语词，使用频率较低，"从"则通用于口语和书面语；又如"岁数"和"年龄"也是一组同义词，但前者用在口语中，而"年龄"则通用于口语和书面语中；又如"爱护"和"袒护"是一组同义词，前者是褒义词，后者是贬义词；又如"失望"和"绝望"是一组同义词，后者语义重于前者；又如"数"和"几"都可以用在"十""百""千""万""亿"等数词前，表示不定数量，如"数百人"和"几百人"、"数十双"和"几十双"、"数百名"和"几百名"等，但是含有"数"的不定数量短语一般用在书面语中，而含有"几"的不定数量短语则通用于口语和书面语中。

---

① 参看刘颂浩：《对外汉语教学研究》，教育科学出版社，2005年。

二、词语练习

词语练习是对知识点的归纳和再现，由于有简明具体的语境，因此可以充分发挥学习者的学习自主性和积极性，从而达到温故知新的目的。

词语练习可以从不同的角度进行分类，从目的性的角度出发，可以分为感知性练习、理解性练习、模仿性练习、记忆性练习、应用性练习等。所谓感知性练习就是指对词的语音和字形进行反复感知和识记的练习。所谓理解性练习就是指对词进行准确理解的练习；所谓模仿性练习就是指模仿词的发音、模写字形以及模仿使用的练习；所谓记忆性练习就是指加深对词的形音义以及用法的记忆的练习；所谓应用性练习就是指词语的使用练习，本项练习旨在通过实际运用来帮助学习者掌握词的具体用法。从题型的角度来说，有填空题、选择题、造句题等，以下我们从题型的角度通过实例择要谈谈练习的设计及其技巧。

（一）字词听写

听写在新课学习之前或之后都可以进行，目的是用来检查学习者的词语预习和复习情况，加深学习者对形、音、义之间的联系的认知。这里我们主要探讨用来检查复习情况的听写。

学习者听写的过程实际上包括了辨音、辨义、辨形和书写四个环节。书面上词语是形音义的结合体，要想正确地书写出来，就要明确目标词的音、义、形。在辨音的环节，往往近似的语音容易发生混淆；在辨义的环节，教师会用词语的组合等方式来显示词义以确定听写词语的唯一性，学习者要回忆起在初次感知此词时已经建立起来的音义联系；在辨形环节，要把已经唤醒的音义联系用汉字表现出来，这需要回忆起字形与音义的联系，如果学习者对汉字的理据有一些了解的话，可以有很好的线索指引，当然更主要的是要靠课后的多练多写才能逐渐掌握汉字的构件等规律。从听写的内容上来说，一般是词语，但也可以听写一些体现目标词语用法特点的简明而实用的例句，这样可以给学习者一个易记的范例，目的是通过记住这个例句而掌握该词语的用法。

（二）义项选择

此项练习旨在让学习者领会一个词（或语素）的多个义项，认识到语素义与词义之间的密切关系，强化组成成分与整体词义的关联意识，培养学习者根据组成成分的意义推知整个词语意义的能力，不仅如此，此项练习也提供了典型的例句，提供了理解意义和用法的合适语境。我们以"非"和"益"为例说明如下：[①]

非：A不是　　B错误　　C一定　　D不合于

（1）不少人认为汉语和日语是同源的，实际上并非如此。

（2）买卖儿童是非法行为。

（3）我们相信李明自己会辨别是非的。

（4）爸爸让丁力报考医学院，丁力自己却非要报考电影学院。

益：A好处　　B增加　　C更加　　D有益处的

（1）蜜蜂是益虫。

（2）喝茶对身体有益。

（3）人们一般都认为吃人参能够延年益寿。

（4）李医生对技术精益求精，治好了许多病人。

不同的句子，不同的语言环境明确了词（或语素）的具体意义，找到它们之间的对应关系，可以促进学习者对多义词（或语素）的掌握。

（三）多音字注音组词

多音字的"多音"是与"多义"相对应的，由于在书面上借用了相同的书写符号，因此造成了音形义之间的复杂关系，也给学习者的辨识和记忆带来了一定的困难，加强此方面的练习大有必要，比如：

行：① xíng　行为　品行

　　② háng　银行　行业

看：① kàn　看见　看台

　　② kān　看守　看管

---

① 例题来自于赵新主编：《中级汉语精读教程》，北京大学出版社，1999年。

还：① hái　还是　还有

　　② huán　还礼　还债

处：① chǔ　处理　处方

　　② chù　处所　住处

假：① jiǎ　假如　假山

　　② jià　假条　假日

更：① gèng　更加　更好

　　② gēng　更正　更动

着：① zhe　顺着　朝着

　　② zháo　着急　着火

　　③ zhuó　着陆　着想

差：① chā　差别　差错

　　② chà　差劲　差生

　　③ chāi　出差　差事

　　④ cī　参差

（四）选词填空

用来填空的备选词语，可以是一个，也可以是多个，而它们之间可以有建立在词形、词义或词音的相同、相近或相反等各种关系上的联系，也可以没有联系。该项练习的目的是考查学习者是否真正地理解了词义、记住了词形和词音，是否真正掌握了词语的搭配等。填空练习可以起到温故知新的作用，使学习者体会目标词在具体语境中的正确用法，"一方面可以对已知的用法全面消化，另一方面可以领悟同一词语的不同用法。"[①]完成填空的过程也是一种阅读的过程，从一定的意义上来说，填空练习也是一种阅读训练。填空练习目标集中，可以引起学习者对词语方方面面知识点的足够注意，起到提醒和强调的作用，可以说，该项练习收到的是多方面的功效。编写填空练习，

---

① 朱琦、孙朝奋：《高级汉语词汇练习三步曲：温故知新、化为己有、创作发挥》，载冯胜利、
胡文泽主编：《对外汉语书面语教学与研究的最新发展》，北京语言文化大学出版社，2005年。

也是给学习者的造句练习或写作做示范，因此要精心设计。另外，填空题最好充满趣味、充满哲理，比如名人名言等，话题最好是学习者关心和喜欢的，比如成才、择业、婚恋，或是当今比较热门的话题，如环境保护等，这样既可以活跃课堂气氛，又能给学习者以人生启迪，同时自然可以加深对目标词的理解，强化对目标词的运用。①填空的语境可长可短，短至一句话，长至语段，比如：

（1）他决定先回家，_____再去买火车票。（最后　然后　以后）

（2）如今，生态环境___①___已经成为一个重大的社会问题。今天的地球上，森林面积___②___，江河湖海___③___污染，大气中有害物质增加，自然灾害___④___发生……这一切严重威胁着人类的生存和发展。人类只有一个地球，只有有限的资源，___⑤___环境问题得不到解决，人类将会走向___⑥___。②

①A.变化　　　B.转化　　　C.恶化　　　D.转变

②A.减少　　　B.减轻　　　C.增加　　　D.增长

③A.得到　　　B.成为　　　C.化为　　　D.受到

④A.不停　　　B.不断　　　C.继续　　　D.永远

⑤A.从而　　　B.以便　　　C.如果　　　D.于是

⑥A.消灭　　　B.消失　　　C.结束　　　D.毁灭

（五）词语替换

该项练习主要是基于词语的同义关系而设计的，旨在加深学习者对同义词语的认识，体会在实际语境中的运用，最终达到学而致用的目的。需要注意的是两个词语在语法功能上也要相同，不能仅仅是词义上的。如：

当时的情景让我感到非常恐慌，浑身直冒冷汗。③

（①不安　②害怕　③紧张　④惧怕）

---

① 朱琦、孙朝奋：《高级汉语词汇练习三步曲：温故知新、化为己有、创作发挥》，载冯胜利、胡文泽主编：《对外汉语书面语教学与研究的最新发展》，北京语言文化大学出版社，2005年。

② 赵新主编：《中级汉语精读教程（Ⅰ）》，北京大学出版社，1999年。

③ 刘颂浩：《对外汉语教学研究》，教育科学出版社，2005年。

正确答案应该是②，①③语义不准确，④"惧怕"是及物动词，一般要带宾语，若用来替换则不合语法。在语境中替换词语，整个句子应该通顺，任何一个备选项替换目标词都不应出现语法错误，否则备选项便起不到干扰的作用，练习的价值就会大打折扣。

（六）位置选择

汉语的语序是一种非常重要的语法手段，语序的正确与否是衡量学习者汉语水平的一个重要标志，因此加强词语出现位置的训练对于正确掌握词语的使用规律是非常必要的。以下是这方面练习的几个实例：

（1）A我B来上海时，一句上海话C也听不懂D。（刚）

（2）老师A耐心地B解释了几遍，C阿里D不明白。（还是）

（3）天气预报A没有B说今天下雨，C为什么D要带伞呢？（并）

（七）句子改写

用指定词语改写句子，旨在加深目标词与相关词语或其格式在表达上的转换关系，培养学习者用不同的方式表达相同语义的能力，了解不同词语各自的用法特点。比如：

（1）他因为成绩优异，所以被香港的大学录取了。

他因成绩优异而被香港的大学录取。

（2）漂亮不漂亮并不是最重要的。

漂亮与否并不是最重要的。

（3）他特别善于交际，朋友很多。

他特别善于交际，朋友有的是。

（八）词语搭配

一个词在使用时往往要求其他词语的共现，这体现了词语之间板块式的组合和协同关系，当一个词出现了，人们可以预期到必定会出现的其他词语，这是每一种语言都存在的现象。从词性的角度来说，有介动搭配，如"跟……见面""跟……学习""对……没（有）吸引力"等，有量词名词的搭配，如"（一）扇窗子""（一）泓清泉""（一）幢楼房"等，有形容词与名词的搭配，如"英俊的男子""苗条的姑娘"，等等。词语搭配练习常见的形式是搭配连线，如：

开发	婚礼	年龄	久	顽强的	天气
举行	资源	质量	好	温柔的	毅力
改变	计划	时间	大	恶劣的	性格

（九）综合填空

综合填空也叫完形填空（Cloze Test），是将语言片断的某些词删去，要求学习者填出的练习方法。所填的成分或是单音节词或是双音节词或是多音节词，或是一个语素，或是一个固定短语，或是实词或是虚词或是固定结构或是固定搭配，不拘一格。这种方法不仅能促进学习者对词语的掌握，而且可以锻炼他们综合阅读的能力。这也是HSK考试的题型之一。

天力公司：

今天，在《北京青年报》上看到贵公司的招聘启［①］，我很感兴趣，因此写信向贵公司正［②］提出申请。［③］信寄去我的简历、各种材料以及我的通信地址。①

（十）造句

用所学词语造句是常见的传统的练习形式，也是最简便易行的做法。具体来说，有两种方法，一种是学习者自由造句，即教师不提供情境，要求学习者自己造句，在不加限制的条件下，可以了解学习者是否真正理解并能够运用目标词语，如果出现偏误，则可以发现症结所在，便于及时纠正，及时遏制偏误的化石化，甚至也可意外发现目标词语以外的偏误。另一种是教师设计情境，要求学习者用目标词语造句，这种方法的好处是不仅可以避免学习者找不到话题无话可说的冷场局面，而且由于教师提供的语境具有一定的

---

① 此例来自陈田顺主编的《HSK中国汉语水平考试模拟试题集（高等）》，北京语言文化大学出版社，2000年。

特点，而这种特点就是词语使用的语用条件，相当于强调了词语使用的范围，因而有利于学习者的领会和把握。

不过，对造句这种练习方式的优劣得失，学术界有不同的意见。有人认为，让学习者用目标词语逐一造句既浪费时间，又非常死板。另外，由于学习者一时找不到合适的话题，感到茫然无措，会影响到学习的热情，而且可能会出现目标词语以外的错误，造成连环错误。李恺认为"高年级的汉语教学，要摒弃'造句'式练习"，并且认为"即使在初学阶段，造句也不是好的方式"。①

我们认为，造句应该有所选择，可以适当针对个别目标词语进行练习，而且最好是教师提供语境和话题，特别是在课堂上，这可以使学习者有思考的方向，避免漫无边际地寻找可以用得上目标词语的话题；课后的书面作业采用自由式的造句练习无妨。

提示语境的方式有全景叙述式，即教师讲述一个情景，当然其中不能出现目标词语，让学习者用目标词语表达出来，这种方法适用于课堂。也有一种变通的方式，就是给出句子的一部分，用目标词语完成其余部分，这种方法比较适于课后练习。如：

（1）你穿上这么漂亮的衣服，又戴上了墨镜，我_____。（简直）

（2）由于她最近的工作效率非常高，所以_____回家。（提前）

（十一）语句翻译

语句翻译旨在训练学习者正确地在母语和汉语之间用所学的词语进行语码转换的能力。语句翻译包括汉外和外汉两种不同方向的对译。用于翻译的材料要精心选择，如要针对目标词语，设置易于出现问题的陷阱等，这样可以培养他们自觉"避险"的意识。如果学习者能够成功"避险"，说明他们了解了题目的意图，掌握了词语的要点，而那些出现错误者，则往往没有领会教师所讲的意思，教师应有针对性地加以强调。翻译练习适用于母语语种单

---

① 李恺：《须知其所以然——高年级的虚词教学》，载冯胜利、胡文泽主编：《对外汉语书面语教学与研究最新发展》，北京语言文化大学出版社，2005年。

纯一致的班级，多母语语种的班级不便于统一操作，除非教师精通多种外语。比如：

把下面的句子翻译成汉语①

（1）— Is your mother-in-law's house far from yours?

— No. we both live in the same street, her house and mine are just a few doors apart.

（2）I had a hard time buying your sister a sports coat in this style, but she was unsatisfied with the colour.

（3）— They say your wife is angry with you. Is it true?

— Probably, she often complains that I am so entirely absorbed in my own work that I neglect my children's education. But it doesn't matter; everything will be all right in a couple of days.

练习（1）中暗含的目标词语是"离……远"（far from）和"隔"（apart），练习（2）中暗含的目标词语是"好不容易"（had a hard time），练习（3）中暗含的目标词语是"只顾……"（entirely absorbed in）。

（十二）多词连段

在学习了一篇课文之后，为了熟悉和正确使用新学的词语，同时也是为了加深对课文内容的理解，一般采用复述课文或针对内容回答问题的方式进行练习，要求是用上指定的词语。

另外，可以将一篇课文的生词根据语境分成几组，也就是把那些可以出现在同一个语境的词集中起来，让学习者用这些词说出或写出一段话，以训练他们在语境中使用词语的能力和成段表达的能力。②比如，在学习了《花中之王——牡丹》后，从主题和语境的相关性和便于学习者组织的角度出发，把这一课的部分生词做如下分类：

牡丹　　花卉　　观赏　　花中之王

---

① 翻译例句来自刘珣等编著：《实用汉语课本（Ⅲ）》，商务印书馆，1986年。
② 朱琦、孙朝奋：《高级汉语词汇练习三步曲：温故知新、化为己有、创作发挥》，冯胜利、胡文泽主编：《对外汉语书面语教学与研究的最新发展》，北京语言文化大学出版社，2005年。

象征　鲜艳　富贵　国色天香

权势　下令　荒唐　坚贞不屈

栽种　施肥　浇水　精心

（味）辛　高血压　阑尾炎　疾病

让学习者选择自己最有感觉的一组词去发挥想象力，进行语段表达或写作练习，然后向全班同学汇报自己的成果，经过老师的修改和点评，不仅完成者本人很有收获，而且也使其他学习者受益。

（十三）写作文

在中高级阶段，学习者可以适当地进行写作练习，可以规定题目，也就是命题作文，也可以规定主题，题目自选，同时提供一些学过的词语，要求用在作文中。写作练习旨在加强学习者的词语运用能力，另外也可促进他们写作能力的提高。比如，在学了《年轻真好》后，要求学习者用上以下词语写一篇关于时间的文章：[①]

时间　财富　生命　金钱　知识　短促　消失　珍惜　宝贵　浪费

是……是……是……；不是……不是……；

假如……也；不是……而是……；即使……也

除此以外，还可以引导学习者写周记、日记、大事记等，比如可以写"我在上海留学大事记""学在上海""生活在上海"等，当然还可以根据自己的所思所感自由选材，写一些文章。学习者在这种自然的状态下，可以自由地表达，词语错误也会不自觉地表现出来，这样便于发现问题，经过教师的修改，长期坚持下去，他们的词语使用和篇章表达能力可以得到不断的提高。

三、教学方式

（一）口头式

这是课堂上使用的主要教学方式。可以是教师和学习者进行一对一式或

---

① 赵新主编：《中级汉语精读教程（Ⅰ）》，北京大学出版社，1999年。

一对多式的问答，即教师问，学习者答；还可以是在老师的引导和提示下学习者之间进行问答。问答有多个角度，可以就反义词、同义词、同音词等提问，还可以问词中语素的意义、词语的搭配以及用法上的禁忌等。总之，围绕词语这个主题，选择灵活多样的形式，激发学习者参与的兴趣，活跃课堂气氛，从而收到预期的效果。

（二）书面式

有些练习，如果在课堂上做的话，会占用很多时间，比如造句、连词成段等，宜安排在课后做，教师在批改作业的过程中会发现存在的各种问题，除了简明扼要地给予修改之外，还要根据错误的性质，采用不同的方法处理，比如，如果是共性问题，说明学习者对某一个知识点普遍掌握不好，就应该在课堂上加以纠正和强调，从而加深他们的理解。可以把错误的例子写在黑板上，如针对"你是以前对我联系的外星人吗？"这个句子，可以问学习者这句话可以这么说吗？如果说不可以，那应该如何修改？学习者会改成"你是以前跟我联系的外星人吗？"教师再问，还可以怎样改？学习者会说，可以把"跟"换成"和"和"与"。这种方式能够吸引学习者的注意力，促使他们积极地思考和判断，教师一步步启发和引导他们自己发现和纠正错误，从而使学习者印象深刻，对错误的理解更加透彻。

另外，词语的重现率是影响学习效率的一个重要因素，"词汇出现频率越高，学习者对词汇的熟悉度越高，识别越容易"。[①]因此，教师授课时应尽量使用学习者学过的词汇，以唤起他们对这些词的记忆；也要注意后面新学的内容与前面已学内容的衔接和联系，避免学了后面忘了前面；同时发给学习者含有已学过的词语的阅读材料也非常有必要，学习者在新的材料中看到那些词语，可以产生亲切感，减少陌生感，在潜移默化中化为己有。

---

① 冯丽萍：《中级汉语水平外国学习者的中文词汇识别规律分析》，《暨南大学华文学院学报》，2003年第3期。

第二节 词汇的扩展

词汇习得不论是对操母语者还是对第二语言学习者来说，都是终生的认知过程，词汇量的不断扩大是词汇习得的自然结果和必然结果。词汇习得的途径有两个：一个是通过直接的词汇教学，即学习者对词汇进行直接的有意学习，这是一个有教师参与的学习过程；另一个是从生活中偶然获得，这是一种无意学习，教师不参与这一学习过程。[①] 从这一意义上说，凡是导致习得的词汇数量增加的行为都是词汇的扩展，如课堂上在老师的讲解下掌握了一个个的生词，看电视的时候通过播音员和字幕学到了新的词语。本节主要介绍一些词汇扩展的具体方法，分为两个方面：有意学习主要是在课堂上在教师的讲解、启发、引导和干预下进行的，我们称之为课内词汇扩展；无意学习主要是在课外由学习者自发随机进行的，我们称之为课外词汇扩展。

一、课内词汇扩展

课内词汇扩展属于教师主导式扩展。课内词汇主要指课文生词表中的词语，其中常用词语居多，是词汇讲练的主要对象。在讲解这些词语的时候，可根据词语的特点，适当地增加学习者的词汇量。这些扩展方法的共同特点就是词语的学习不是单一式的而是批量式的，也就是由一个词串起相关的一系列词，使词汇学习收到事半功倍之效。这里重点介绍一下类推扩展法，其他扩展法也将提及。

（一）类推扩展法

所谓类推扩展法就是将源自类推造词法的词进行展示的方法，而类推造词法就是依据一个既有合成词的结构方式，在保留其中一个语素的前提下，

---

① 江新：《词汇习得研究及其在教学上的意义》，《语言教学与研究》，1998年第3期。

以同属类义范畴的语素替换其他语素，从而产生不同新词的造词方法。其中原词和新词中相同的语素称为同语素，不同的语素称为异语素，产生的新词称为类推词，类推词据以产生的原词称为基础形式。比如，人们根据"酒吧"类推出了"茶吧""网吧""陶吧""书吧"等一系列的"吧"，其中的异语素均为表示"吧的种类"的类义语素，这几个类推词与其基础形式"酒吧"仿佛出自同一版本，形式整齐，语义相关。

类推扩展法的产生与语言所具有的类推机制密不可分，类推机制在此指词语组合关系上的同一性和聚合关系上的可替换性二者的统一。"在任何创造之前都应该对语言宝库中所储存的材料做一番不自觉的比较，在这宝库中，各个能产的形式是按照它们的句段关系和联想关系排列好了的"。[①]类推造词法在造词理据上具有有理性和可论证性，在词义表现上，淡化了新词的陌生性而使其具有可理解性，人们一看即懂，一听即知，体现了语言创新与语言自律的统一，正如索绪尔所说："类比是革新与保守的原则。"[②]

类推扩展法中用来替换的异语素基于联想心理形成一个聚合关系，这个聚合关系中的成员是不可胜数的，所以类推也是无止境的。"连续不断的言语活动把提供给它的各个单位加以分解，它本身不仅含有按照习惯说话的一切可能性，而且含有类比构成的一切可能性"。[③]从理论上说，"这种类比构成的一切可能性"可以产生出无数的同构类推词，可是在语言实际中，其中只有一部分成为现实的词，我们把这种现实化了的类推词称为"显词"，把那些潜在的类推词称为"潜词"，[④]一旦具备了社会使用条件，"潜词"便会"显词"化。比如，国有"国花"，市有"市花"，那么仿此也可以造出"县花""省花"，但由于缺少社会使用条件，"县花""省花"只能以潜词形式存在着，如果某一县或某一省评出了代表本县或本省的花，那么"县花""省花"便会成为实际的显词。类推造词法就像流水线上生产出的同一规格的产品，只是由于市场供求等因素的影响，有的产品可以出厂销售，有的则处在仓库中，等待上市的机会。

---

① 索绪尔著、高名凯译：《普通语言学教程》，商务印书馆，1982年。

② 同上注。

③ 同上注。

④ 王希杰：《语言随笔精品》，暨南大学出版社，1995年。

由于类推词是依据基础形式而"批量生产"出来的，因而类推词从不形单影只，而总是成群结队，我们把类推词与其基础形式构成的系列词称为词群。词群中异语素的聚合在语义方面具有类义关系，而反义（包括对义）关系是其中的一种，相应地，词群便可分为类义词群及反义词群。

类义词群如：

（1）影迷　球迷　书迷

（2）木工　瓦工　漆工

反义词群如：

（3）同性恋　异性恋

（4）顺差　逆差

（5）外资　内资

如果把类义词群看作是集合A，词群中的每个词是集合中的一个元素，把反义词群看作是集合B，那么它们之间的关系是A包含B。例如，设

A=｛富国，强国，穷国，弱国｝

B=｛强国，弱国｝

则集合B自然包含于集合A中。

由于语素的多义性及词语的社会文化等因素，表面上相类的词不一定属于同一个词群。基于类推基础产生的词群必须具备下面的条件：

1.结构关系相同

这是词群在组合关系上最显著的特点，而结构关系的特点是由基础形式决定的。请看下面的一组词：

（6）简讯　简报　简明

这组词中的"简"都是"简单"的意思，但前两个词是偏正式结构，而"简明"却是并列式的，因而"简明"无法取得"群籍"。

2.同语素语义相同

由于有的语素具有多义性，所以一个词群中的同语素必须保持语义上的同一性，否则无法构成词群。请看下面一组词：

（7）球盲　舞盲　乐盲　文盲　色盲

前四个词中的"盲"义为"在某一方面无知的人"，用的是"盲"的比喻

义，而"色盲"之"盲"却是"分辨不清"的意思，这组词中的"盲"义不尽相同因而构不成词群。

3. 同语素的位置一致

在一组词中尽管结构关系一致，同语素语义相同，但同语素的位置不同，也不足以形成一个词群。看下面这组词：

（8）农舍　菜农　果农　茶农　花农　烟农

尽管"农"在上述名词中都是"农民"之意，各个词也都是偏正式结构，但是因为同语素缺乏定位性，异语素的聚合关系无法建立，因而上述六词不能构成词群。

4. 异语素具有类义关系

类义语素的存在是形成聚合关系的基础，这使得与同语素的搭配具有可模仿性，可传递性。请看下列各词：

（9）国脚　国手　国嘴　国脸

前三词都是指一国之内与身体某一部位相关的体育或艺术领域内有一定建树或特长的人，而"国脸"中，尽管有表示身体部位的"脸"，表面上看，似与"脚""手""嘴"语义相类，实际上，"脚""手""嘴"在与"国"分别构词时都有了借代义，而"国脸"却是指人的脸孔长得极具有那一国的典型特征，其中的"脸"用的是基本义，因而这组词不是词群，而"国脚""国手""国嘴"却可以形成词群。

综上所述，这四个条件是构成词群所必需的，只有具备了这些条件，形式整齐，语义相关的词群才得以形成。

另外，以一个词中不同的语素作为同语素，则会产生不同的词群，而这不同词群的结构关系却是一致的，据以产生新词的基础形式便分属于不同的词群。请看：

（10）球星 → 歌星　影星　舞星

　　　　↓

　　球迷

　　球友

　　球盲

上例表明，分别以"球"和"星"为同语素，则有"球星，歌星，影星，舞星"和"球星，球迷，球友，球盲"这两个词群的产生，它们都是偏正式的结构关系。这也从另一个方面反映出类推造词法具有极强的能产性。

类推词与修辞上的仿拟词有相似之处，即二者都是对某一个既有词的仿造。下面是含有仿拟词的例句：

第二天早起，她们的头发上都结了霜，男同志们笑她们说："嘿，你们演《白毛女》都不用化装了！"她们也笑男同志："还说哩，你看，你们不是'白毛男'吗？"（魏巍《年轻人，让你的青春更美丽吧》）

上述例句中的"白毛男"是对"白毛女"的仿拟。

类推词与仿拟词又存在着明显的不同：① 使用的条件不同。类推词一经产生便可独立使用于篇章话语中而不需要基础形式的对照，仿拟词则需要被仿词的共同出现；即使被仿词没有直接出现，读者或听者也会自然联想到。前文我们曾用过"群籍"一词，尽管"国籍"一词没有出现，但读者仍会知道这是对"国籍"的仿拟。② 性质不同。类推词一经产生，便成为一般词汇的成员，而仿拟词是临时词，一次性使用的词，比如仿"小资"而产生的"大资"现在并没有成为现代汉语词汇的一员。类推造词法与仿拟词也有联系：在一定的社会语用条件下，一些具有临时性特点的仿拟词也会稳固下来，被汉语一般词汇吸收，成为其中的一员，像仿"冷门"而产生的"热门"，仿"新闻"而产生的"旧闻"，仿"外资"而产生的"内资"，仿"软着陆"而产生的"硬着陆"，一开始都是具有新鲜色彩的仿拟词，在词汇系统强大的平衡作用下，最后以词的身份进入到词汇系统中来。从造词法上来说，它们还是类推词。

类推扩展法在对外汉语教学中具有积极的作用，它可以以一词带一批词，学习者只要掌握一个词的构词特点和造词规则，而这个特点和造词规则仿佛是一个数学公式，只要符合条件就可以批量生产出一系列同类性质的"产品"，即可自行类推出一系列的词，这些词对他们来说，有一种似曾相识之感，因而易学易记易理解。当然，类推出来的有的是潜词。比如在讲"市长"一词时，指出这个词的结构是偏正式，"市"修饰"长"，"市"为中国行政区划单位"村""乡""县""市""省"中的一级，"长"为某一行政区的最高领导入，于是学习者便会根据"市长"一词再类推出新词"村长""乡长""县长""省长"，而这些词又都是显词，这样，学习者一下子就学会了五个词，事半而功倍。还可以让学习者把"市长"的"长"换成"民"，造出"市民"一词，再仿照"市民"类推出"村民""乡民""县民""省民"，但是"县民""省民"只是潜词，现在的语言环境还没有它们的用武之地，所以不能使用，但这种类推却是合理的，可论证的。有一个学习者曾经仿照"工人""商人"类推出"农人"，这是符合类推规则的，"人"在此处表示一种职业，可以形成词群"商人、工人、军人、学人"，而"农人"的语义在现代汉语中是由"农民"来承担的。根据"哥儿们"学习者不难推出"姐儿们"，但是类推出来的也可能是"非词"，如有学习者根据"前额"类推出了"后额"，根据"小子"类推出"大子"，这时教师要告诉他们理论上可以无限类推，但还要受到既有词汇系统和语言习惯的制约，不能全部成为现实的词。由于汉语的构词特点，词群在汉语中是比较多的，如：

名著　　名作　　名言　　名篇　　名画

拳王　　棋王　　歌王

耐穿　　耐磨　　耐用　　耐压　　耐寒　　耐热　　耐旱　　耐涝

亲口　　亲耳　　亲手　　亲眼　　亲身

做法　　写法　　念法　　用法

味觉　　嗅觉　　触觉　　听觉　　视觉

下面两个词群构成了反义关系，无论横向还是纵向，词与词之间、语素与语素之间的关系一目了然，这对于了解构词法以及批量地记忆词汇大有好处：

好吃　　好看　　好听　　好学　　好懂

难吃　　难看　　难听　　难学　　难懂

根据上述反义词群，教师再让学习者以"长度"为基础形式、以"度"为同语素，类推出一个词群，学习者很容易就会推出下面的词群：

长度　高度　宽度　难度　深度

再让学习者写出上述词群的反义词群，他们很可能会这样写：

*短度　*低度　*窄度　*易度　*浅度

教师应该告诉学习者他们的类推符合类推规律，但是由于汉语中"长"与"短"、"高"与"低"、"宽"与"窄"、"难"与"易"、"深"与"浅"等具有反义关系的形容词具有不对称性，所以后面词群中的每一个"词"都不能成为词，是现实中不存在的，提醒学习者加以注意。

总之，类推造词法可以使学习者轻松地扩大词汇量，极大地提高词汇教学的效率。

（二）框式填充扩展法

在第一章中我们提到，汉语中存在着大量的框式结构，这些结构在填入适当成分之后才能表示具体的意义，其中，格式本身具有意义，因此应向学习者讲明格式意义，同时嵌入什么样的成分也是有具体要求的，当学习者明白了这两个要素，自己选择合适的成分填入其中时，就可以大量地造出同一模式、同一语义范畴和语用条件的"结构词"，从而扩大了词汇量。比如：

"东……西……"，格式意义是"大范围地……"，待嵌成分具有同义关系，如：

东奔西跑　东张西望　东问西问　东拉西扯　东瞧瞧，西看看

"……不起"，用于口语中，格式意义是"没有经济能力承担某事"，嵌入成分一般为单音节动词，如：

吃不起　　买不起　　学不起　　上不起（学）

玩不起　　穿不起　　抽不起（烟）　　坐不起（飞机）

"……得慌"，用于口语中，格式意义是"感到……"，嵌入成分为表示生理或心理感觉的单音节形容词或动词，多表示消极意义，如：

闷得慌　疼得慌　气得慌　愁得慌　烦得慌

累得慌　饿得慌　困得慌　渴得慌　觪得慌

"……三……四"，用于口语中，格式意义为"在某一方面有种种不好的表现"，具有贬义色彩，嵌入成分为同义动词性语素或形容词性语素，如：

低三下四　丢三落四　推三阻四　说三道四

"大……大……"，格式意义是"在某一方面过分……"，嵌入成分为类义

单音节动词、形容词或名词，如：

　　大吃大喝　　大红大绿　　大红大紫　　大鱼大肉　　大喊大叫　　大吵大闹

　　这些框式结构在有些教材中经常被用来作替换练习，目的就在于扩大学习者的词汇量。

（三）上下位词和类义词扩展法

　　上下位词也叫上下义词，是外延具有包含与被包含关系的一组词，也就是具有类属关系的一组词，其本质是一般和个别的关系。比如"面食"和"饺子""馒头""包子""馄饨"构成的就是上下位关系，而"面食"又是"食品"的下位词，即"食品"和"面食"形成的也是上下位词关系，这说明是否为上位词和下位词要依据不同的参照词，也就是说，上下位词的关系具有相对性。

　　具有同一上位词处于同一层次的一组下位词形成的是类义词关系，比如在前面的例子中，"饺子""馒头""包子""馄饨"等具有同一个上位词"面食"，它们形成的是类义词关系。

　　讲解生词的时候，我们可以根据上下位词的关系进行词语扩展，如在学习"香蕉"这个词时，我们可以问学习者"香蕉是属于水果还是蔬菜？"问这个问题的目的在于让学习者确定香蕉的上位词"水果"，接着再让学习者说出其他的水果名，如"苹果""橘子""西瓜""菠萝""芒果"等，其实是让他们说出类义词，这里面有的词是学习者学过的，有的是没有学过的，而没有学过的，就借此机会进入了学习者的视野，属于被扩展的词，于是学习者掌握了表示常见水果的词，由于生活中也离不开这些常用词，所以很自然就能记住。

　　又如"盐"这个词的上位词是"调味品"，师生可以一起说出其他常见的"调味品"的下位词，如：

　　油　酱　醋　糖　鸡精　味素　花椒

　　又如以"红"为上位词，师生一起联想扩展其下位词：

　　鲜红　枣红　粉红　血红　桃红

　　"红"是一种"颜色"，让学习者再以"颜色"为上位词，说出含有"红"

的下位词，即"红"作为成员之一的一群类义词：

红　橙　黄　绿　蓝　黑　白　紫

总之，通过对课文中的生词依据上下位关系词和类义词进行联想，可以帮助学习者在不经意间学会相关的词，事半而功倍。需要注意的是扩展的词语应是常用的，生僻的词语不宜提及，否则徒增学习者负担，结果就是事倍功半。

（四）整体—部分关系词扩展法

表示事物整体和部分关系的一组词形成了整体—部分关系词，语言中存在大量的整体—部分关系词，如"四季"和"春季""夏季""秋季""冬季"，"地球"和"陆地""海洋"，"鸡蛋"和"蛋黄""蛋清"，等等。

讲解生词的时候，我们可以根据整体—部分关系词进行词语扩展，比如"树干"这个词的词义是"树木的主体部分"，我们可以借此问学习者："一棵树还有哪些部分？"最后教师综合学习者的答案在黑板上写下一组词："树梢、树枝、树叶、树根"，这样就由一个词扩展出了四个词。又如讲"计算机"这个词时，教师可以问学习者："计算机包括哪些部分？""主机、屏幕、键盘、鼠标"这样一组词经过同学的讨论和老师的引导，呈现在学习者面前，以一个词带出了相关的一组词。又如：

山——山脚　山腰　山顶

书——封面　正文　封底　书脊

笔——笔帽　笔尖　笔杆　笔芯

手指——拇指　食指　中指　无名指　小指

这些词中，由于学习时间、语言环境、个体差异等因素的影响，学习者对它们的了解和掌握情况不是整齐划一的，对这些词所知甚少或不完全了解的同学由此获得了扩大词汇的途径，由于词义之间有这样自然紧密的联系，而且这些词一般都是常用词，因此记忆起来很方便。

与上下位词的扩展相同，整体—部分关系词的扩展要有选择性而不能不加限制地随意联想，不应提及不常用的、专业性强的词语，否则会事与愿违。

（五）同义关系扩展法

同义关系是词义聚合关系的一种。现代汉语的同义词很丰富，在教学中不仅可以用来帮助我们解词释义，而且也可以用来扩展词语，比如讲到"漂亮"这个词时，我们给出例句"昨天我看到一位漂亮的新娘"，可以问学习者："句中的'漂亮'可以用哪一个词替换?"这样，"漂亮"和"美丽"便在学习者的头脑中建立了同义联系。同义扩展不光是在讲解生词的时候，用来说明几个词之间具有同义关系，在讲解课文的时候，在必要的地方也可以随时"插播"，比如课文中有这样一句话：

我买了好多跟课本内容有关的录音材料，每天除了上课就是听录音。

句中的"跟"可不可以换成别的词? 可以换成哪个或哪些词? 这样，"跟"与"和""与"等在语境中强化了同义关系，由一个词扩展到一组同义词。又如：

我觉得听力进步很快，老师上课说的话基本都能听懂，回答问题时就有信心了。

句中的"基本"可以用"差不多"来替换，通过师生问答的方式，学习者对两个词建立了同义联系，不仅很好地理解了词义，也比较清楚地了解了两个词在句中的用法。又如：

在信封上也要写上你的邮政编码，省得你的朋友再去查了。

句中的"省得"可以换成"免得"，两个词是同义关系，而且用法也相同。

这种同义关系的扩展最好在语境中进行，以避免词义相同或相近而用法存在差异的词在使用中产生偏误，如：

他的智力很好。

*他的智慧很好。

因此，如果孤立地而不是在语境中进行扩展，则要指出词语在用法上的差异，不然会造成学习者使用上的困惑，这是需要注意的。

（六）反义关系扩展法

反义关系也是一种词义聚合关系。由于韵律的作用，汉语的反义词一般音节数目相等，即单音节对单音节，双音节对双音节，如"大——小、肥——瘦"、"伟大——渺小、光荣——耻辱"等。现代汉语中双音节词占优势，从词内语素异同的角度看，双音反义词主要有以下几种类型：

1. 词中有一个语素互为反义关系，另一个语素相同，结构也相同，两个词的反义关系是由一对反义语素决定的，如：

高级——低级　　　进步——退步　　　开幕——闭幕
上游——下游　　　长处——短处　　　重视——轻视

2. 词中的两个语素分别对应，互为反义关系，结构也相同，两个词的反义关系是由两对反义语素决定的，如：

前进——后退　　　上升——下降　　　狭窄——宽广
高大——矮小　　　强壮——瘦弱　　　高雅——低俗

3. 词中的两个语素完全不对应，语素之间不能构成反义关系，如：

平坦——崎岖　　　干净——肮脏　　　拥护——反对
吝啬——慷慨　　　成功——失败　　　幸福——痛苦

三音节的如：

有利于——不利于

四音节的如：

唯物主义——唯心主义　　　社会主义——资本主义

在讲解生词时，如果一个词的反义词使用频率也很高，那么就可以把这一对词放在一起讲给学习者。根据前面我们谈到的双音反义词的几种类型，在联系反义词进行生词讲解时，应向学习者指明一对反义词之间的语素对应关系，这样便于学习者抓住理据线索，从而更好地理解词义、掌握用法。如"上班—下班"是一对反义词，两个词中有相同的语素"班"，有互为反义关系的语素"上"和"下"，由于"上""下"是最常见的一对反义词，所以可以成为"上班""下班"这对反义词的特征，学习者容易记住。"上班"和"上学"具有相同的造词理据，两者的反义词也使用同一个模式，即"上学"的反义词是"下学"。[①]但事实上，除了年纪大的一些人偶尔会用"下学"外，

[①]《现代汉语词典（第7版）》，1415页，有"下学"词条："囫学校当天课业完毕，学生回家。"

现在已经很少有人这么说，一般都使用"放学"一词，因此也要告诉学习者这一点。"上班—下班"一类反义词也属于前面我们谈过的类推扩展法中的一种，构成的是反义词群。

"高雅—低俗"一类词中，每个词中的语素与另一个词分别两两相对，互为反义，这种具有整齐反义语素对应关系的反义词更是有利于学习者的理解和记忆。根据这种规律，说出一个词，在未学过的情况下，学习者几乎可以自己找到它的反义词，只要他知道每个语素对应的反义语素。如教师可以问学习者"前"和"进"的反义词分别是什么，"前进"的反义词又是什么，在教师的启发下，学习者自己就会说出"后退"一词。充分利用反义理据对扩展词语是大有裨益的。

"平坦—崎岖"一类反义词，则不如前两类具有明显的理据性，但同样可以通过词义间的反义联系来学习。

除了词义的反义对比以外，为了让学习者更好地掌握，也应进行用法的对比，比如"提前"和"推迟"是一组反义词，为说明"提前"一词的用法，我们用了如下的例子：

出于安全方面的考虑，原定于6月8号举行的会议提前到6月2号。

出于安全方面的考虑，会议提前6天举行。

出于安全方面的考虑，会议提前举行。

让学习者用"推迟"来改写上述句子：

出于安全方面的考虑，原定于6月2号举行的会议推迟到6月8号。

出于安全方面的考虑，会议推迟6天举行。

出于安全方面的考虑，会议推迟举行。

经过全面的比较，学习者会很清楚地理解一组反义词的词义和用法，从而做到举一反三，触类旁通。

二、课外词汇扩展

（一）课外词汇扩展的重要性

课外词汇扩展属于学习者自主式扩展。课堂上的学习由于受到教材、教师、学习时间的长短、学习者的语言环境等因素的制约，能够学习的词语数量是有限的。而课外的生活实践，包括读报、看电视、购物、旅游、与目的语母语者交往等，所接触到的词语是非常丰富的。不论是第一语言教学还是第二语言教学，许多词汇都是从使用语言的交际活动中获得的。不过，目前的对外汉语教学总的情况是重课内环境而轻课外环境，这是对语言环境资源的巨大浪费。①有鉴于此，许多学者主张充分利用课外语言环境，把课内教学延伸到课外，即充分利用学习者在目的语环境中处理日常事务的活动机会，感知和使用语言，促进汉语水平的提高。

把汉语作为外语或第二语言学习的人，大多数在大脑中已经贮存了较为完整的母语系统，而且他们中很多人有着丰富的社会生活阅历，对这个世界有自己的认识和价值判断，作为成年人，具有自学能力，因此要关注他们的自学行为特别是课外的自学，给他们以方法上的有效指导。Ross曾指出："初级阶段以后的汉语教学应该逐渐地从教师管理式学习"过渡到"学习者自我管理式学习"，认为在高级阶段，教学的重点应该是如何培养学习者成为独立自主的学习者。高年级的学习者对教师和课堂的依赖应逐渐减少，取而代之的是对来自中国社会的各种资源和学习者自身资源的利用。教师对学习者的学习过程和学习策略应给予足够的关注。②

Walker曾提出两种不同的教学模式"学习教学模式"（Learning Model Instruction, LMI）和"习得教学模式"（Acquisition Model Instruction, AMI）。LMI注重学习者对知识点的掌握，传统意义上的课堂教学加上一本教材和一位教师就组成了LMI。与LMI有所不同，AMI更关心学习的过程和策略，即全方位的学习能力而不是个别知识点。随着学习者语言水平的不断提高，习得模式所占的比重应越来越大。③

培养独立自主的学习者，不断提高自主学习的能力，对学习者词语的扩展和语言能力的提高至关重要。

---

① 参看张崇富：《语言环境与第二语言获得》，《世界汉语教学》，1999年第3期。
② 参看顾百里：《高级汉语口语语法与词汇的训练：对汉语非母语学习者的教学法研讨》，载冯胜利、胡文泽主编：《对外汉语书面语教学与研究的最新发展》，北京语言大学出版社，2005年。
③ 同上注。

（二）自主扩展的词汇的性质

通过大量阅读和课外实践活动获得的词语大多是消极词汇。所谓消极词汇是与积极词汇相对的一个概念。根据对词汇掌握程度要求的不同，人们把词汇分为积极词汇和消极词汇两种，积极词汇也称为使用性词汇，消极词汇也称为接受性词汇。对于积极词汇，学习者或使用者明白其意义，也会正确地使用；对于消极词汇则能够辨认、理解或部分理解其义，但不能自如地使用。个人掌握的积极词汇的数量与他的表达能力是成正比的，积极词汇越多，表达越准确、严密、生动。一种语言的基本词汇都属于积极词汇。消极词汇一般使用频率较低、复现率不高，有的比较繁难。在语言学习和使用过程中，每个人都有自己的消极词汇和积极词汇，也就是说有些词，能够看懂、读懂，但是不一定能写出、说出或正确地组词造句。一般而言，无论是操母语者还是第二语言学习者，消极词汇都要多于积极词汇，"能读不能说"就是消极词汇多于积极词汇的反映。[①]

消极词汇的积累有助于积极词汇的扩大。如果消极词汇在短时间内反复出现，则会加深学习者对这一词语的感知和理解。久而久之，当这种反复的语码刺激积累到一定程度，原本生疏的词语就会不自觉地出现在自己的表达中，这时，消极词汇就变成了积极词汇。消极词汇不断地扩大，积极词汇也随之扩大，因此学习者应该以合理的手段实现消极词汇转变为积极词汇的最大化。

在第二语言学习中，是否掌握了一个词的标准是：不论语境是否存在，都能够辨认和理解词义，能够在语境中自然正确地使用该词。[②]这里的词指的应该是积极词汇。对于积极词汇，教师应通过各种讲练方法加深学习者的记忆和理解，提高词语运用能力。大量的消极词汇来自泛读课、口语课、听力课以及课外阅读材料，是在日常生活中为获取信息所接触和感知到的，这样的词语不要求即学即用，教师不必也不可能花费很多时间讲练，重要的是应

---

① 参看李如龙、杨吉春：《对外汉语教学应以词汇教学为中心》，《暨南大学华文学院学报》，2004年第4期。
② 转引自刘颂浩：《对外汉语教学研究》，教育科学出版社，2005年。

该传授给学习者科学有效的词语习得的方法，以使词汇量不断扩大，提高利用目的语的能力，同时促进积极词汇的不断生成。

（三）自主扩展词汇的途径

曾有专家指出，除最初习得的最常用的几千词以外，第二语言学习者扩展词汇的主要途径就是来自课堂之外的广泛的交际活动。把汉语作为第二语言的学习者，其交际模式可分为三种，[①]词汇扩展就在这三种模式中进行。

1. 人际式交际扩展

人际式交际指的是双方可以直接互动的交际模式，在这种交际模式下，双方都可以直接对对方所表达的意思进行确认，从而使交际得以顺利进行。课堂教学就是这样一种在教师与学习者之间进行的人际互动，只不过是教师占据主导地位而已。对教师的讲解，学习者可以发问，教师从专业角度进行答疑，直到学习者领会为止，不过这不是本部分要着力探讨的。除此之外，聊天、购物、旅游等活动中的对话也属于人际式交际模式，是没有教师参与的学习者自主的学习和实践活动。在这种交际模式下，学习者会或多或少遇到课本以外的词语，因为一般的交际对象不会像专业教师那样了解学习者的实际水平和掌握的词语，因而不会对所使用的词语进行限制和有意选择，对学习者而言，这既是一种挑战，也是一种很好的学习机会，因为这种交际场景是最真实和自然的，为使交际顺利进行，作为交际方之一的学习者必须了解对方的意思和意图，势必要突破遇到的语言障碍，比如陌生的词语，这样，学习者便从交际对象那里了解到了新的语音和语义的结合体，知道了对他而言的陌生的词或短语。而对这些陌生的词或短语的感知、理解和使用是在实际语境中进行的，学和用是同时进行的。也许交际之后就会忘记，但随着相似语境的出现，这些词或短语多次复现，学习者也会逐渐记住并学会使用。一个勤勉用心的学习者，事后应尽量回忆记录下来，并在合适的场合积极使用，这样，所掌握的词语就会越来越多。

---

① 参看顾百里：《高级汉语口语语法与词汇的训练：对汉语非母语学习者的教学法探讨》，载冯胜利、胡文泽主编：《对外汉语书面语教学与研究的最新发展》，北京语言大学出版社，2005年。

我们在教学实践中的许多事例也在不断证明，这种方式的确有助于第二语言的学习。有一个美国学习者，他的汉语进步非常快，经验就是与中国人同住，获得了良好的人际式交际空间。另据杜伦大学司马麟的调查，该校二年级学习者在中国人民大学学习一年后回国，认为在说和听的方面帮助他们提高水平的主要是课外因素，[①]这个课外因素应该主要指的就是人际式交际。

2. 理解式交际扩展

理解式交际模式指的是交际一方单向被动进行的交际模式，其中的另一方是隐而不现的，因此没有即时的互动行为。读书看报、影视欣赏、聆听讲演等都属于这种交际模式。这种交际顺利进行的难度要大于人际式交际，因为在这种交际模式下，作为交际一方的学习者不能通过询问等方式在第一时间里得到确认和回应。因此要想突破词语障碍，只能依靠自己。解决的办法不外乎以下几种。

（1）即时查词

在阅读的过程中，遇到陌生的词语，即刻在词典中查找，逢词必查，了解了词义以后，或者继续阅读，不动笔做任何标记和记录，或者把词典中的解释和例句标注于相应位置，便于以后阅读和自主复现式学习，进而真正掌握该词。这是一种积极的阅读行为和词语学习方式，但是阅读行为本身具有连贯性的特点，查词行为会破坏这种连续的统一的过程，影响信息的一次性获得，降低阅读快感。无论是对操母语者还是对第二语言学习而言，对信息的追求、对阅读乐趣的体验应是阅读本身的第一动力，而词语学习是处于第二位的目的，因此，阅读的连贯性也是不容忽视的，如果阅读过程频繁地中断，查词之后再进行回溯，则既浪费时间，又影响对信息和语境的理解，对陌生词语的正确理解和把握也会间接产生一定的影响。这种方式适用于那些有较强学习动机和较强意志力的学习者。

（2）合理猜词

阅读过程中碰到生词，如果不是逢词必查，那么进行合理猜词也是常用的有效策略。一般可以利用的猜词线索有：

---

① 刘颂浩：《对外汉语教学研究》，教育科学出版社，2005年。

① 构词方式

根据刘颂浩的调查研究，[①]并列式复合词相对来说，最容易猜测，因为其中一个语素的含义等于整词的意义，如"道路""海洋""语言""泥土"等；偏正式复合词一般只能部分猜测出整词的意义，如"正视""武断"等；主谓式、述宾式、述补式复合词则需要了解全部语素的意义，即使了解也未必猜得出，难度最大。特别是一些从字面看不出理据的合成词更是令学习者难以捉摸，因为这些词的意义已经不是语素意义的简单相加，而是已经凝固为一个语义板块，难以作结构分析。

② 标记成分

篇章中，有很多成分对句子、词语的意义之间的关系具有标志性作用，如"也就是说（换句话说）""实际上""总而言之""不过""虽然……但是……""不是……而是……""先……后……接着……""也""又"，等等，这些都是读者或听者解码的线索，阅读或倾听时注意识别这些线索，有助于篇章理解和对陌生词语的词义猜测，如：

男人购物也比较即兴，就是说，事前很少做计划，也很少列出清单，总是缺少什么时才去购买。[②]

"即兴"这个生词，完全可以通过后面的插入语"就是说"来获知它的意义。不过标记成分作用的大小因学习者的水平而异。

③ 具体语境

语境对字词的意义有导向、确认和解释的功能。[③]学习者通过语境可以在一定程度上领悟词语的意义，如：

我从小就生长在单亲环境中，母女俩的日子虽然过得简单，但总是充满了欢乐……妈妈为了供我上大学，除了教书以外还写些文章，此外，每周还给一家报社整理稿件……那时在我家胡同口有个小有名气的栗子铺……栗子对当时的我们来说算是一种奢侈品了……[④]

---

① 刘颂浩：《对外汉语教学研究》，教育科学出版社，2005年。
② 例句来自刘颂浩：《对外汉语教学研究》，教育科学出版社，2005年。
③ 彭聃龄：《语言心理学》，北京师范大学出版社，1991年。
④ 引文来自赵菁主编：《汉语听说教程（下）》，北京语言文化大学出版社，2000年。

"奢侈品"的意思是什么？通过文章前面的交代，知道"我"生活在单亲家庭中，母亲供自己上学很不容易，业余时间要写稿赚稿费，另外还兼了一份职，在这样的经济条件下，栗子对她们来说就是"非常昂贵舍不得花钱买的东西"了。语境显示了词义。

④ 表达技巧

文章作者往往会使用一些写作的技巧，如重述或变换措辞，实际上是句子之间的互释，阅读时如果能够有效地识别，那么对词语意义的理解是非常有好处的。比如：

这两年，他频繁出国，先访问了加拿大，后又访问了西欧各国，最近又造访了泰国、印度、尼泊尔等国。[①]

句中的"造访"作为"访问"的同义词，是属于写作技巧的一种重新措辞。

利用表达技巧猜词的程度大小与学习者写作能力的高低有一定的关系，那些善于写作的人会根据自己的写作经验来推知别人的写作策略，从而获得"心有灵犀"的感应，更易于敏锐地捕捉到这些内在的线索，从而迅速猜到词义。

当然，有的词很难用任何线索猜测出来，这时不必纠缠不放，而应继续阅读，在更大的语境中领会词义。

词语猜测有助于迅速而准确或大致准确地获得信息，给学习者以理解式交际所能带来的愉悦享受。第一次出现的陌生词语在大脑中或多或少会留下一些印记，当在其他语境中复现时，容易被唤醒，继而产生亲切感，并且有了一个大致的猜测方向，久而久之，便会领会其中含义，至少不会再成为拦路虎，进一步则会成为学习者的积极词汇。

（3）验证猜测

如果经过合理猜测大致了解了某个陌生词语的语义，那么阅读结束以后，立刻掌握这个词是不现实的，学习者有的只是并不深刻的印象。若有可能，猜词之后，要查找词典寻找准确的解释，以便对猜测结果加以证实和修正，并且进一步了解该词的其他义项以及使用特点。这样既不影响连续阅读，同

---

① 例句引自徐子亮：《论词语的积累》，《汉语学习》，1997年第4期。

时也可接触更多的词语。哪怕一时记不住或用不上，但随着不同语境的改变，当此词多次再现时，有的词在不知不觉间就会习得。这种验词的过程是即时查词和阅读过程中猜词的结合。当然有人不会进行到这一步。

在理解式交际中猜词，对词语学习的作用究竟有多大，现在还没有一致的意见。我们认为，阅读中接触到的词未必一定会用，但能够理解其义，增加消极词汇，就是一种收获和进步，因为学习者的词库中大量的消极词汇有助于任何一种意义上的交际，而且随着复现次数的增多，其中一些也会变为积极词汇。阅读猜词对扩大词汇量无疑具有积极的意义。

3. 报告式交际扩展

报告式交际扩展就是学习者在用目的语向母语者发表演讲、撰写文章等活动中的词语扩展，是较高层次上的扩展，可以说是理解式交际扩展的相对形式，两者一个是目的语的输出型扩展，一个是目的语的输入型扩展。

实现报告式交际扩展的方式可以结合理解式交际扩展来进行，比如学习者阅读报纸、看电视、上网、看演出、读历史，经过认真的准备之后，把所获得的信息和引发的感想，写成演讲稿或文章，不定期地在一些学习者活动比如中外学生演讲大赛中进行演讲或向一些适合的报刊上投稿。当然也可以与理解式交际扩展分开进行，比如写自己国内的生活，等等，内容不加限制。在准备的过程中，他们一定会遇到从未接触过的词语，或不会正确使用的词语，而报告式的交际使他们必须面对这些词语，那么这些词语便会出现在他们的"作品"中，不论用得正确还是不正确，他们都与这些词语打过交道，而这些词语也势必会留下或深或浅的印记，并且自然成为他们消极词汇库的部分成员，为以后更好地掌握打下了基础。

如果说教师主导式的词语教学是"授之以鱼"，词汇学习和扩展方法上的引导就是"授之以渔"，"授之以鱼"基础上的"授之以渔"对于第二语言词语的扩展大有裨益。

本章小结

词汇的巩固通过词语知识的归纳和练习得以实现，而词汇扩展的方式也是多种多样的，从大的方面说，有课内扩展和课外扩展。课内扩展有效的方法是类推扩展、框式填充扩展、词义关系扩展等，课外扩展包括人际式交际扩展、理解式交际扩展和报告式交际扩展。

思考题

1. 如何辨析形近字？

2. 写出含有"房子"的整体—部分关系词。

3. 上下位词除了可以用来进行第二语言词语扩展以外，还有哪些作用？

4. 上下位词有没有不同语言间的差异？举例说明。

5. 消极词汇和积极词汇有怎样的关系？

6. 课外自主扩展的模式有哪几种？

本章主要参考文献

成燕燕：《语素释义说略》，《伊犁师范学院学报》，2005年第4期。

符淮青：《现代汉语词汇（增订本）》，北京大学出版社，2004年。

高燕：《谈类推造词法》，《沈阳师范学院学报（社会科学版）》，2000年第4期。

顾百里：《高级汉语口语语法与词汇的训练：对汉语非母语学习者的教学法研讨》，载冯胜利、胡文泽主编：《对外汉语书面语教学与研究的最新发展》，北京语言大学出版社，2005年。

江新：《词汇习得研究及其在教学上的意义》，《语言教学与研究》，1998年第3期。

李如龙、杨吉春：《对外汉语教学应以词汇教学为中心》，《暨南大学华文学院学报》，2004年第4期。

刘珣等编：《实用汉语课本（Ⅲ）》，商务印书馆，1999年。

刘颂浩：《对外汉语教学研究》，教育科学出版社，2005年。

索绪尔著、高名凯译：《普通语言学教程》，商务印书馆，1982年。

王希杰：《语言随笔精品》，暨南大学出版社，1995年。

徐子亮：《论词语的积累》，《汉语学习》，1997年第4期。

赵菁主编：《汉语听说教程（下）》，北京语言文化大学出版社，2000年。

赵新主编：《中级汉语精读教程》，北京大学出版社，1999年。

第六章

词汇偏误分析

　　偏误分析是第二语言教学常用的手段。汉语词汇的偏误根据表现形式的不同，可以分为多种类型，而每种类型又有其内在或外在的产生原因。在搜集、整理和分析偏误的基础上，进行偏误的纠正或预警，有助于提高学习者词汇理解的准确性和使用的正确率。

第一节　中介语理论与偏误分析

　　中介语理论是关于第二语言学习者在学习过程中的语言系统和习得规律的理论，在第二语言习得的研究史上具有重要的意义。偏误分析是中介语研究的重要手段，是第二语言教学与研究不可或缺的方法。

一、中介语理论

　　1972年，美国语言学家塞林克（Selinker）提出了中介语理论（interlanguage），该理论旨在探讨第二语言学习者在习得过程中的语言系统和习得规律，在第二语言习得研究史上占有重要的地位。中介语是指在第二语言习得过程中形成的既不同于第一语言也不同于目的语并且逐步接近或靠拢目的语的动态的语言系统，是介于第一语言和目的语之间的独特的语言系统，随着学习者的不断进步呈现出阶段性。由于中介语是一种不完善的目的语，其中包括符合目的语标准的正确的部分，也包括基于各种因素产生的错误的部分即偏误，而这些偏误在接受纠正方面表现出不同的倾向性，有的得到彻底解决，有的表现出反复性，甚至是顽固性，在语言的某一方面停滞不前，形成所谓的化石化现象（fossilization），因此，第二语言学习者真正达到母语者水平的并不多见，大多一辈子使用的都是中介语。[①]

二、偏误分析

　　1967年，英国应用语言学家科德（S.P. Corder）把语言错误分成了失误（mistake）和偏误（error）两种类型。失误是指在某种情况下偶然产生的口误或笔误，这种错误不成系统，说话者一般能自己检查出来并加以纠正，是母

---

① 刘珣：《对外汉语教育学引论》，北京语言文化大学出版社，2000年。

语者或非母语者都会发生的。偏误是对目的语语言项目的正确形式或规则的偏离，这种错误自成系统，具有规律性，学习者难以自觉发现并纠正，因此常常会重复发生，反映了中介语的状态和实际语言水平。

偏误可以从多种角度进行分类，从语言本体要素的角度分为语音偏误、词汇偏误和语法偏误等，这是教学中常见的分类，本章将对汉语词汇偏误进行分析；从是否由第一语言的负迁移造成的角度分为语际偏误和语内偏误；从严重程度角度可分为整体性偏误和局部性偏误；从语体角度可分为口语偏误和书面语偏误，此外还有理解偏误和表达偏误、显性偏误和隐性偏误，等等。

偏误分析有助于发现第二语言习得的过程和规律，是中介语研究的重要手段，其具体的研究成果为教学活动提供了真实的反馈和有力的依据，减少了部分教学实践的盲目性和随意性，增强了针对性和科学性，因此也是目前第二语言教学不可或缺的研究方法。

第二节　汉语词汇偏误的类型

词汇在第二语言学习中占有重要的地位，也是产生偏误的主要方面。桂诗春指出，在所有的言语错误类型中，词汇错误是最严重的。[①]具体到汉语，词语偏误问题也是同样突出，鲁健骥曾指出："在学习汉语的外国人的中介语系统中，词语偏误是大量的而且几乎是随着学习的开始就发生了。随着词汇量的增加，发生的词语偏误也越来越多。"[②]根据表现形式的不同，汉语词语的偏误可以分为多种类型。[③]

一、汉外同形偏误

韩语词汇中，汉字词占一半以上，中韩同形词又占非常大的比重。[④]受此影响，韩国学习者的句子中很容易发现由同形词造成的偏误。

*因为出现了革新的交通工具汽车和汽船。

韩语中的"汽车"与汉语的"汽车"含义不同，前者相当于汉语的"火车"。

*人间出生后，随着智能的发达首先对自己周围的事物感兴趣。

韩语的汉字词"人间"在汉语中的对应词是"人"。

*给他们安眠药和镇静剂，不如消除他们对死亡的恐惧更加贤明。

汉语的"明智"和"贤明"在韩语中对应的都是"贤明"。[⑤]

---

① 桂诗春：《我国外语教学的新思考》，《外国语》，2004年第4期。

② 鲁健骥：《外国人汉语词语偏误分析》，《语言教学与研究》，1987年第4期。

③ 本章的偏误实例绝大部分从学生的书面作业及口语交谈中获得，个别实例引自相关的著述，有的注明了出处，有的未做说明，在此对有关作者一并致谢。偏误的形式多种多样，对这些形式进行分类，一以贯之的标准实难选取，我们这里的分类角度难免有交叉，而且偏误形式也很难尽收于本书当中。另外，一个句子中可能存在着多种性质的偏误，我们在适当的小标题下，只选取其中一种。词语偏误分析中，我们涉及了韵律、语音、语法、语用、语篇等，这也说明词汇教学具有核心的地位。

④ 朱英月：《汉语水平词汇等级大纲中的中韩同形词比较分析》，《汉语学习》，1996年第5期。

⑤ 以上三例偏误出自全香兰：《汉韩同形词偏误分析》，《汉语学习》，2004年第3期。

韩语中，类似的汉字词不少，如"监督"是汉语中"导演"的意思，"阶段"是"楼梯"的意思。[1]

由于地理、历史和文化的原因，日语也有与汉语书写形式相同的词，以日语为母语的汉语学习者也会发生汉日同形词方面的偏误，如：[2]

*星期四我们有汉语试验。

*虽然国家财政非常困难，政府还是承认了知事的预算申请。

日语的"试验"既有汉语"试验"的意思，又有汉语"考试"的意思，词义项多于汉语；日语的"承认"有"认可""同意""批准"的意思，而汉语则无此义。

二、语义偏误

（一）语义不清

（1）*快起床吧，否则我要给你敲警钟。

"敲警钟"是提醒人警惕的意思，而此处却错误理解成了"敲钟"。

（2）*我们先去了南京路和外滩，明天又去了淮海路。

提到过去某一天的下一天时，应用"第二天"，而不是"明天"，明天是以说话当时为参照点的。

（3）*对年轻的男女来说，结婚是人生道路的重要关头，一定要认认真真对待。

"关头"指起决定作用的时机或转折点，往往指不希望遇到的重大情况，如"紧要关头""危急关头""最后关头"等。它不表示空间位置，因此不能比喻成道路上的一个位置，应将"结婚是人生道路的重要关头"改成"结婚是人生大事"。

（4）*这段时间天气特别差，接连下了两个小时的雨。

---

[1] 许璧：《朝鲜语中的汉字词——论汉语和日本语对朝鲜语的影响》，载柳英绿、金基石主编：《对外汉语教学的理论与实践》，延边大学出版社，1997年。

[2] 以下两例偏误来自朱瑞平：《"日语汉字词"对对日汉语教学的负迁移作用例析》，《语言文字应用》，2005年9月。

用来表示时间长度时，"段"是以"天"为最小计量单位的，能够称为"一段时间"的，至少是几天以上，这里的"两个小时"与"一段时间"语义冲突，原因就是学习者没有领会"一段时间"的含义。

（5）*到别人家吃饭时，虽然他们的菜不是滋味儿，你一定得勉强吃吧。这是礼貌。

"不是滋味儿"与"味道不好"的意思不同，前者不表示味觉，而表示内心一种不愉快的体验。这句话可以改为"到别人家吃饭时，即使他们的菜味道不好，你也要凑合吃，这是礼貌。"

（6）*他和她是一个办公室的同事，随着接触机会的增多，长此以往，竟然产生了感情。

"长此以往"的意思是"如果一直这样下去"，指不好的情况持续进行下去，会产生消极的结果，是对未发生的事情的预测，因此应该用于未然句中。本句是已然句，因此用在这里不合适，应改为"时间长了"。

（二）语义混淆

（1）*然后，Rosa死的地位开了玫瑰……

"地位"一般指"人或团体在社会关系中所处的位置"，与"地方"不同；另外，句中的"然后"为连词，此处应为时间名词"后来"。这句话应改为"后来，Rosa死去的地方开满了玫瑰……"

（2）*当作一个女儿怎么会连父亲的生日都不记得？

　　　*我把他作为儿子。

这两句话是混用了"作为"和"当作"，前一个句子中应该用介词"作为"，是"就人的某种身份或事物的某种性质来说"的意思，后一句应该用"当作"，经常与"把"连用，形成"把……当作……"的结构。

（3）*他外貌出众，去哪儿人家的眼光都集中到他身上。

"眼光"是指"观察事物鉴别事物、判断事物的能力，眼力"，是一个抽象词，用在这里不合适，应该用"目光"。

（4）*一走进屋，她看了惊奇的情况。

显然，这里的"看"应该用"看到"。"看"与"看到"的最大不同是前者是自主动词，其后的宾语是经过施事者的意志选择的，而"看到"则是非自主的，其后的宾语是主语所表示的主体无意中目光触及的对象。

（5）*昨天我参观了国际名花展览会，我观赏很多种类的花。

此句中的"观赏"宜换作"观赏到"，理由同于上例。"很多种类的花"是"我"此前所未曾看到的，也是"我"所期待看到的，但却是"我"所不能决定的观赏的对象。

（6）*你们两个人的复杂事情，我不介意，你们两个人解决就行了。

此句中的"介意"应该用"介入"。"介意"是"（对别人引起自己的不愉快）在乎，在意"的意思，而"介入"是"插进两者之间干预其事"的意思。

（7）*有一天我钱包丢了，怎么找也找不到，现在还没有着落。

此句中的"着落"应改为"下落"。"着落"是指"可以依靠或指望的来源"，如"买房子的钱已经有着落了"，而"下落"则指"寻找中的人或物所在的地方"，如"他走了半年了，音信皆无，一直打听不到他的下落"。

（8）*他们俩正在谈恋爱，但现在还说不定什么时候能结婚。

　　　*小李来到中国已经生活七年了，但说不准什么时候回国去。

"说不准"是"不能说准，不能说得很明确，不好说，没有把握"的意思，"说不定"是"没准、也许、有可能"的意思。第一句话中"说不定"要换成"说不准"，第二句话中的"说不准"要换成"说不定"，即两句话分别改为"他们俩正在谈恋爱，但现在还说不准什么时候能结婚"和"小李来到中国已经生活七年了，但说不定什么时候就会回国去"。

（9）*八点以后，街上再宁静起来，小学生的笑声和家庭主妇打扫、洗衣服的生活声音告知早上的结束。

副词"再"用于未然的重复和假设的重复，而"又"用于已然的重复和确定性的重复，[1]句子描写的是每天早上的情景，周而复始，因而应该用"又"而不是"再"。

---

① 李晓琪：《现代汉语虚词讲义》，北京大学出版社，2005年。

三、韵律偏误

（1）*她工作非常努力，不仅如此，学英语也努力。

"努力"是双音节词，在此句中受到前面的"也"的修饰，但韵律上有欠协调，应在"也"后加上副词"很"，凑成双音节；另外，现代汉语的双音节形容词单用的情况不多，往往前面要有副词"非常""很""挺"等修饰，也就是说如果双音节形容词作谓语，它前面的程度副词具有成句的作用。

（2）*战争完后……

"战争"是双音词，其后的动词常常是双音节动词，因此，把"完"改为"结束"更合适。另外，"战争"可以算作书面语词，而"完"是一个口语词，在语体风格上也不协调。

（3）*红玫瑰象征热烈的爱情，那么别颜色玫瑰呢？

此句中，"颜色"为双音词，而"别"为单音节代词，两词之间应加"的"字，这样既能协调韵律关系，同时也可标明句法结构关系。当然，此句也涉及"的"字的隐现问题，此处不赘。此句应改为："红玫瑰象征热烈的爱情，那么别的颜色的玫瑰呢？"

（4）*1963年开始在进海的樱花节日，越来越发展到现在一个有名的春天节日。

"××节"作为专有名词，其中的"节"虽然是"节日"的意思，但是不能换成"节日"，如"父亲节""教师节"等，也就是说"节日"用在一个短语中，而"节"是用在一个专有名词中，上例应改为"始于1963年的进海樱花节，发展到现在，已成为春季有名的节日"。

此外，双音节动词带单音节宾语和单音节动词后带双音节补语的偏误现象，如"他们正在浇灌花""农民朋友正在种植树""他的腰累弯曲了""她的嗓子哭嘶哑了""杯子打粉碎了"，等等，都可以从韵律角度得到解释。

四、搭配偏误

（一）动宾搭配不当

（1）*到中国后我们参观了妈妈的同学。

"参观"后应接处所名词做宾语，而不能接指人名词或人称代词。此句中的"参观"应为"看望"，偏误的原因在于学习者把"参观"与英语的"visit"完全对应起来，"visit"中除了有"参观"义外，还有"看望""拜访"等义，它们各自的搭配对象是不同的。

（2）＊我两年前来上海，不知道说汉语。

此句中的"知道"应改为"会"。汉语的"知道"和"会"在英语中都是"know"，学习者误以为"知道"和"会"是一个意思，因此造成偏误。

（3）＊当他来家门口接海伦时，海伦就脱下眼镜。[①]

此例中的"脱"应为"摘"。"脱"后的宾语常为表示衣物的名词，如"脱衣服""脱鞋"，而"眼镜"作为具有特殊作用的物品应用"摘"与其搭配，"摘"的宾语是戴着和挂着的东西，如"摘帽子""摘手表"等。

（4）＊虽然我远道而来，可是中国也是属于亚洲嘛，所以并没感到陌生感。

（5）＊好容易才打扫好以后，我感到了充实感，相信姐姐也回来时肯定会高兴。

上述每个例句都有两个"感"，也都是"感觉"的意思，但做谓语的是动词性的"感"，"……感"中的"感"是名词性的，"感到陌生感"就是"感觉到陌生的感觉"，"感到充实感"就是"感觉到充实的感觉"，这不符合汉语的习惯，一般说成"感（觉）到陌生""感（觉）到充实"或"有陌生的感觉""有充实的感觉"。

（6）＊游泳确实是一举两得的运动，既可以保持健康的身体，又可以保持苗条的身材。

此例中，两个"保持"的宾语是名词"身体"和"身材"，而"保持"一般要求后跟谓词性的成分作它的宾语，如"保持物价稳定""保持联系""保持安静"等，因此可以改成"既可以保持身体健康，又可以保持身材苗条"。

（7）＊周末的时候我打足球。

---

① 此例来自田善继：《非对比性偏误浅析》，载柳英绿、金基石主编：《对外汉语教学的理论与实践》，延边大学出版社，1997年。

我们说"打篮球""打乒乓球""打高尔夫球""打排球",是因为这些球类运动是用手"打"的,而"足球"是用脚"踢"的,所以是"踢足球",而在英语中,用的都是"play",如"play basketball""play football",等等。本例是由母语造成的负迁移现象。

（8）*他每天打太极拳、锻炼身体之外,总是脸上带着微笑,对任何人都很亲热,不斤斤计较、安分守己地过生活。

尽管"生活"和"日子"密切相关,但"生活"是动词也是名词,可以作谓语也可以作宾语,与"过"搭配,"生活"前必须有定语,如"过（着）幸福生活",而"日子"可以与动词"过"直接搭配,构成"过日子",即"生活"的意思。此例中的"安分守己地过生活"应改为"安分守己地生活"或"安分守己地过日子"。

（9）*请你开眼。

汉语中说"睁开眼",而英语说"open your eyes",两种语言搭配的习惯不一样,不能以一种语言的搭配规则类推另一种语言的规则。

（二）语义搭配不当

（1）*她热衷于收集洋娃娃,她的房间里摆着种种洋娃娃。

（2）*天上有种种星。

"种种"是量词"种"的重叠,表示"各种各样"的意思,但它要求后面的名词应是抽象名词而不能是具体名词,如"种种理由""种种借口""种种形式"等,而此两例中的"洋娃娃"和"星"都不是抽象名词;而且"种种"后面的成分必须是双音节的,在这两例中,都不是双音节形式,因此搭配不合理。

（三）主谓搭配不当

*这两所中学的条件都不错,相形之下,甲中学的老师们的水平更优秀。

"优秀"是用来评价人的,指一个人某方面有一流表现,往往是与指人名词或人称代词组合,如"这个人很优秀",而"水平"只能用"高""低"或"一般"来评述,所以应改为"甲中学的老师们的水平更高",或改为"甲中学的老师更优秀"。

（四）述宾加宾不当

（1）*无可奈何之下，她辞职了工作。

（2）*今天我见面她。

（3）*他去年结婚玛丽。

（4）*6月他毕业了华东师范大学。

（5）*十个国家满意自己外表的人数平均有37%。

"辞职""见面""结婚""毕业""满意"等词从构词法上来说，都是述宾式的复合词，而述宾式复合词大多数为不及物动词，后面不能带宾语，因此若想把原句中的动词对象表示出来，只能通过介词把这个名词性的成分介引出来，"辞职了工作"说成"把工作辞掉了"（当然也可以直接说"辞职了"），"见面她"改成"跟她见面"，"结婚玛丽"改成"跟玛丽结婚"，"毕业了华东师范大学"改成"从华东师范大学毕业了"，"满意自己外表"改成"对自己的外表感到满意"。

（五）不及物动词带宾语

（1）*今年9月份，我回来上海，发现这里发生了很大的变化。

"回来"与"回到"在及物性方面是不同的，"回来"是不及物动词，往往加"从"介引出"回来"的出发点，如"从北京回来"，而"回到"是及物动词，如"回到上海"。

（2）*医生对我妈妈说："你如果现在出生孩子，你很危险。"

"出生"是不及物动词，而作为"生养"讲的"生"是及物动词，此处应用"生"。

（六）状中搭配不当

*非常谢谢。

"谢谢"不能受程度副词修饰，而"感谢"是心理动词，可以前加程度副词，因此此句应改为"非常感谢"。

（七）介词结构与动词搭配不当

（1）*给爸爸说几句话吧。

（2）*你是以前对我联系的外星人吗？

汉语中介词与其后的名词发生关系，但不是说与动词就没有关系，介词与动词通过名词而发生联系，而且是紧密的联系，形成相对固定的搭配。这两例中的搭配，正确的形式应为"跟……说话"和"跟……联系"。

（八）词性误用

（1）*这段时间天气特别差，接连狂风，小雨。

此句中的"狂风"和"小雨"都是名词，不能受副词"接连"的修饰，不可以作谓语，应改为"刮大风"和"下小雨"。

（2）*但是婚姻那天她的花轿一定要从梁山伯的墓前经过。

此句中的"婚姻"是名词，不能充当谓语，应改为"结婚"。

（3）*这次访问，加深了我们之间的相互了解。我们愿望双方继续加强合作，特别是电子贸易方面的合作。

此句中的"愿望"是名词，不能作谓语，应改为"希望"。

（4）*一开始我们很可怕，但是游泳老师先带我们去不深的海水里慢慢地教给我们。

句中的"可怕"是形容词，表示"使人害怕"，然而在这句话中不是"我们使人害怕"，而是"我们害怕"，因此应改成"害怕"。"害怕"是动词，可以作谓语，如"蛇是一种可怕的动物，但约翰不害怕它"。

（5）*玫瑰花的苞非常美丽，同时有害怕的刺，还有象征爱情同时有的玫瑰花象征分手。

此句中的"害怕"应改为"可怕"。

（6）*我在心里再三地跟她抱歉了。

"抱歉"是心理动词，可以构成"对……感到抱歉"的形式，而"道歉"是动词，常常跟"向""跟"连用，构成"向（跟）……道歉"的形式，此句中的"抱歉"应改为"道歉"。

（7）*为了整顿市容，市长下令了扔垃圾的话罚金一千块。

"罚金"是名词，而"罚款"既是动词也是名词，此句中需要的是作谓语的动词"罚款"。

五、重叠偏误

（1）＊我们互相谈一谈自己的苦恼。后来，我决定来中国留学。

单音节动词重叠的过去时态形式是"V了V"，此句中"后来"表明是过去发生的事情，因此"谈一谈"应改为"谈了谈"。

（2）＊海平静时，非常安安静静。

形容词的重叠形式前不可以加程度副词，因为重叠就表示了较高的程度，"非常安安静静"应改为"非常安静"或"安安静静"。①

六、方位短语偏误

（1）＊到家的时候，我的狗在门等我。

此例中"在"的后面要求一个表示处所的词语，而"门"表示的是物体，不是处所，因此需要在"门"的后面加上"口"或"旁"或"边"或"后"或"前"等，以实现普通名词的处所化。

（2）＊我从老板听到这些话，心里不是滋味。

介词"从"的后面要与表示处所的词语共现，如"从邮局（到学校）""从操场（到教室）""从她那里""从小王身边"等。本句中的"老板"是指人名词，不是处所词，所以应将其处所化为"老板那里"。

（3）她要的礼物我在上海里终于买了。

"上海"是一个地名，本身已表示处所，因此与"在"组合时，后面不可以再加"里"。

（4）＊你看，在这件毛衣上有点儿毛病。

介词短语作主语，往往省略介词和名词后的方位词，所以这句话应改为

---

① 更多关于重叠及其偏误的问题请参看第三章第五节的相关内容。

"你看，这件毛衣有点儿毛病。"

（5）＊第二天，给女人留下的是在世界上画得最漂漂亮亮的女人的肖像画和冰凉死的男人的尸体。

如果介词短语与方位短语一起构成定语，应省略介词，因此此句可改为："第二天，那个男人给女人留下的是世界上最漂亮的女人肖像画和冰凉的男人尸体。"

七、叠加糅合偏误

所谓叠加就是几个相关但不能同时选择的规则叠加在一起造成信息的冗余和形式的扭曲，[①]如：

（1）＊小李早上被妈妈挨了一顿骂，心里很不是滋味。

用"被"或"挨"都可表示遭受义，但两种规则不能叠加，要么选择用"被"字表达，即"小李早上被妈妈骂了一顿"，要么选择用"挨"字表达，即"小李早上挨了妈妈一顿骂"。

（2）＊孩子心情非常糟透了。

"糟透"中"透"作为补语已经说明了"糟"的程度，因此不必再用程度副词加以强调，可以改成"孩子心情非常糟"或"孩子心情糟透了"。

（3）＊今天我格外疲惫不堪。

"疲惫不堪"虽然是个成语，但其中的"不堪"也说明了"疲惫"的程度，因而再加"格外"实属赘余，性质同于上例。

（4）＊听说西安是一个非常古色古香的古都。

"古色古香"形容古雅的色彩或情调，是一个状态形容词，而状态形容词不可受程度副词修饰，因此"非常"应去掉。

（5）＊你好，请打听一下，离这儿最近的邮局怎么走？

问路的时候，我们常说"请问"或"打听一下"，此例偏误将两种方式叠

---

① 其实这种形式的错误在持母语者的口中也会出现，属于临时口误，而第二语言学习者的规则叠加大多是由于规则混淆造成，也不排除偶尔的口误。参看沈家煊：《口误类型分析》，《著名中年语言学家自选集——沈家煊卷》，安徽教育出版社，2002年。

加使用，结果意思变成了"请你打听一下"。

（6）＊书是让人看的，人家不想看的话，内容再好又没用。

说话者混淆了两种表达形式"……再好也没用"和"……再好又有什么用呢？"最终将两者糅合在一起形成了这样不伦不类的形式。此例要么改为"内容再好也没用"，要么改为"内容再好又有什么用呢？"

（7）＊踢球也好，网球也好，只要身体健康，不管有多累，也要坚持锻炼身体。

"不管……都"表示在任何条件下，情况或结论都不会改变；"即使……也"表示假设的情况发生，结果也不受影响，两者在结果的不变性上有共同之处，因此易于混淆。此例要么将后面的"也"改为"都"，要么将"不管有多累"改成"即使非常累"。

八、成分残缺偏误

成分残缺偏误是指句中词语要求共现的成分没有出现，或配套的关联词语残缺不全，如：

（1）＊她最后决定不买这台电视了，因为她嫌颜色。

"嫌"的意思是"不满意什么或谁怎么样"，是一个粘着动词，其后一定要出现一个主谓结构，这个主谓结构中的主语有时可以省略，比如"嫌她吃饭慢""嫌冷""嫌贫爱富"等，原句可以改为"她最后决定不买这台电视了，因为她嫌颜色不好看"。[1]

（2）＊就要离开他工作了几十年的地方了，他跟朋友恋恋不舍地握手了。

"握手"的含义有很多，比如表示"欢迎"等，在这句话中，握手作为方式状语，其后没有中心语照应，这个中心语应该是"告别"，表明"握手"在这里的目的是告别。

（3）＊父母虽然希望孩子们都念书，但是他们没有能力负担所有的孩子念书。

"负担"的宾语应是名词性的"费用"等，而不能是谓词性的结构。本句改为"父母虽然希望孩子们都念书，但是他们没有能力负担所有孩子念书的费用"。

---

① 参见本章第三节有关部分的详细分析。

（4）＊姐姐一直不理我，我也不敢她打招呼了。

"跟……打招呼"是一个比较固定的结构，本句中缺少了介词"跟"。

（5）＊他工作非常努力，不仅如此在夜校努力学习。

"不仅如此"往往与"还"相呼应，形成关联结构，上例中应改为"他工作非常努力，不仅如此，还在夜校努力学习。"

（6）＊……所以我们相信自己的能力而走向未来吧。

"让……吧"是一种表示号召、命令、勉励、期望的句式，原句缺少"让"，应改为"……所以让我们相信自己的能力而走向未来吧"。

九、"了"字冗余偏误

（1）＊他请求了我原谅他。

兼语式前边的动词后不应有"了"，应删除"请求"后的"了"字。

（2）＊小时候，我家住在岸上，附近有一条波浪很宽的大河，所以常听了艄公的号子，常看了船上的白帆。

表示经常性的行为后不能用"了"。原句中的"常听了""常看了"应换成"常常听到"和"常常看到"。

（3）＊这段时间天气特别差，接连下雨了。

在有状语强调的情况下，句子往往不用"了"，本句强调"接连"，不强调情况变化，故不用"了"。

（4）＊村长因为生气而杀了她。村长佩服了她的操守。所以村长把她的死尸在她的院子里埋葬了。

"佩服"是心理动词，而心理动词后如果带宾语，是不加"了"的，因此应去掉原句"佩服"后的"了"字。

十、数量表达偏误

（一）用"来"（lái助词）表示的约数偏误

＊我儿子的个子有一米八来高。

"来"表示大概的数目，一般指不到那个数目，有时也指比那个数稍大，用在整数的后面，如"他的口袋里只有一块来钱"。根据原句意思，可以改成"我儿子的个子差不多有一米八"或"我儿子差不多有一米八高"。

（二）"二"和"两"的混用

*二年前我回上海以后不久发现中国其实也有跟日本同样的问题。

"二"和"两"的基本使用规则是：一般量词前，十以下的数用"两"，"十"前用"二"，"百"前一般用"二"，"千、万、亿"前多用"两"，少用"二"。本句中的"二"应改为"两"。

十一、量词偏误

（1）*曾经在电视里看到的一位日本人家里的小园林，她把各种可爱的草花布置得很绝妙，人在那里可以完全放松自己，简直是一种享受。

"位"作为量词用于人，含有敬意，而在"×国人"前，习惯是用"一个"的。原句一开始就说"一位"，而且是在指"某国人"前，所以不合适，应改为"一个日本人"。

（2）*然后在画完的画旁边写了一首诗歌，那时候他找到了一粒希望。

"希望"是抽象名词，前面的数量短语一般是"一线"或"一丝"，说成"一线希望"或"一丝希望"。

十二、含有"这""那"的时间词语偏误

（1）*来中国之前，我到她家睡觉。这时候，我们谈谈很多事情。我们自己的未来、考上大学、家里的事情，甚至跟男朋友有关的事情。

"这"或"这个"与某些语言成分组合，表示近指时间，"那"或"那个"与某些语言成分组合，表示远指时间，提到过去的某一时刻，应该用"那"或"那个"类时间词语。原句中的"这时候"可以改为"那个晚上"。

（2）*我现在也常常想念这时候的回忆。我一回韩国，就先跟她见面。

句中的"这时候"应为"那时候"，因为已是过去。

（3）*这个年的新生大体上都很优秀，等于集体很优秀。

说话时所在的这一年叫作"今年"，而不是"这个年"。类似的时间词还有"今天"，但是对于"月""星期"而言，只能说"这个月""这个星期"，不能说"今月""今星期"。

十三、词序不当

（1）*对不起，我现在开会，接电话不便，等会议结束之后我打给你。

"不便"作为形容词是"不方便"的意思，常作谓语，它前面的直接成分要求是双音节，如"行动不便""生活不便""交通不便""书写不便""这里比较偏僻，买东西十分不便"，此例中"不便"前面的"接电话"不是双音节，因此用在这里不合适。"不便"也可以是名词，用作宾语如"诸多不便""多有不便"等。"不便"用作动词时表示"不适宜（做某事）"，后接动词性成分作宾语，如"这里人多，不便久留""我不便直说"。此例中的"接电话不便"应改为："不便接听电话"。

（2）*他说的英文很地道。怪不得他在英国留学三年。

"怪不得"作为副词表示明白了原因，对某种情况（该原因产生的结果）就不觉得奇怪了，其后应接表示结果的谓词性成分。此例中的结果是"他说的英文很地道"，因此"怪不得"应放在这个谓词性成分的前面，改成"他在英国留学三年，怪不得他的英文很地道"。

（3）*我昨天三个小时踢了足球。

汉语中表示动作持续时间的成分应放在动词之后，此例中"三个小时"是时量补语，应置于"踢"后，整句话应改为"我昨天踢了三个小时足球"。

（4）*为了保持身体健康，我在吃的方面平时注意营养的平衡，多吃一点水果。

"快""慢""多""少"等形容词作状语且后面不带"地"，一般用在表示命令、建议、提醒等祈使句中，比如"快跑""慢走"，如果是表示结果或是描写已然的状态，则要把形容词处理为补语，如"吃多了""走得早"。本句应改为"为了保持身体健康，我在吃的方面平时注意营养的平衡，水果吃得比较多"。

十四、词语与句类、句式冲突

（1）*你回家或者留在学校？

（2）*周末我逛街还是在家里看电影。

"或者"表示选择关系，用在陈述句中；"……还是……"作为连词也表选择关系，但常用在疑问句中，上述两例正好用反了。两句应分别改为："你回家还是留在学校？""周末我逛街或者在家里看电影。"

（3）*你必须回家吧。

含有"必须"的祈使句，语气强硬，而含有语气词"吧"的祈使句则语气和缓，因此两个词不能同时出现在同一个祈使句中。本句要么去掉"必须"，要么去掉"吧"。

（4）*要是你不参加这次期末考试，那不就不能毕业了吧？

句式"那不就……了吗？"表示根据事实推断出一种必然的结果，其中的"吗"不可以换成其他语气词。同样的句义，也可以通过"吧"来表达，表示揣测和估计有很大的可能性，但句中的"不就"要改为"就"。因此本句可以改为"要是你不参加这次期末考试，那不就不能毕业了吗？"或者改为"要是你不参加这次期末考试，那就不能毕业了吧？"

（5）*我平时没多少次给家里打电话，可前几天怎么从早上一直想打，所以我一下课就打了。

"怎么"是一个疑问代词，用在疑问句中，但也可以活用在陈述句中，表示任指或虚指，如"你怎么理解都行"和"他不知怎么就想发火"。本句中的"怎么"属于活用，前面应加"不知"两字，取消"怎么"的疑问功能。整个句子改为："我平时很少给家里打电话，可前几天不知怎么从早上开始一直想打，所以我一下课就打了。"

（6）*看看，现代人们多么可怜呢！

这是一个感叹句，感叹句句末可以不用语气词，也可以用语气词，但只能用"啊"或"啊"的变体形式，如"哪""哇""呀"等，本句可以改为"看看，现代人们多么可怜！"或"看看，现代人们多么可怜啊！"

（7）*就要离开他生活了十几年的地方了，他觉得多么恋恋不舍。

"多么"多用在感叹句中，而"觉得"要求后面出现宾语，用在陈述句中，两词不可以同时用在一个句子中。本句可以改为："就要离开他生活了十几年的地方了，他（是）多么恋恋不舍啊！"

（8）*昨天我参观了国际名花展览会，观赏了很多种的好漂亮的花。

"好+形容词（+名词）"可以独立为感叹句，如"好热（的天气）！"，也可以作谓语，如"她好辛苦"，但不能充当定语，不能说"约翰是一个好聪明的学生"。本句可改为"昨天我参观了国际名花展览会，观赏了很多种非常漂亮的花"。

（9）*要是想出了好主意，不就早点儿告诉你了吗？

"早"与"早点儿"都可作状语，但"早点儿"只能用在祈使句中，如"早点儿睡，早点儿起床"，甚至在一定的语境中可以单说，用来表示命令或要求："早点儿！"。"早"一般不用在祈使句中，而用在陈述句或疑问句中，如"她早来半个小时"。因此本句可以改为："要是想出了好主意，不早就告诉你了吗？"

（10）*在故乡的时候，我每天早点儿起床。

"早点儿"一般用在祈使句中，而此句却是一个陈述句，因此是错误的。修改的时候，不能直接把"早点儿"换成"早"，这是因为后面的"起床"是一个双音节词，由于韵律的原因，应该将"早"重叠为"早早"。由于这是一个已然的句子，也可以让"早"充当补语，改为："我每天起床起得很早"或"我每天起床很早"。

（11）*他们那么早点儿出发去学校了。

这里也混淆了"早"和"早点儿"对不同句类的选择要求，本句应改为"他们那么早就出发去学校了"。

（12）*只要能表达你的谢意，不管贵不贵，都要把礼物买回来送给他吧。

"不管……都"表示无条件，语气强烈，不能与委婉语气词"吧"共现，因此本句应将"吧"去掉。

（13）*——是哪位老师通知你的呢？

　　　　——不好意思，我不认识那位老师，也没有问老师的贵姓。

"贵姓"只能用于对话中，用以礼貌地询问对方的姓名。此对话中的答句应改为"……，也没有问老师的姓名（或名字）。"

十五、插入语偏误

（1）*看起来他的年龄六十来岁，其实都七十几岁了。

"看上去"表示从外表和外观的情况对人或事物的某一方面做出判断，而"看起来"则表示根据了解到的情况进行综合分析进而预测事情的发展趋势。上述例句对老人年龄的判断是从外表做出的，因此应用"看上去"而不是"看起来"，全句改为"他看上去只有六十来岁，其实都七十几岁了"。

（2）*就我而言，三毛的言行举止实在是心血来潮，很有个性。[①]

插入语"就我而言"一般用来说明自身情况。本句说话人意在表达对三毛的看法，因此，"就我而言"应改为"在我看来""我看"等插入语。

（3）*反正，这篇文章让我更了解50年代的中国，而且是很美的小说。

这里的"反正"是对"总之"的误用。

十六、语用偏误

　　所谓语用指的就是使用者在一定语言环境中对语言的运用。语用关注的是语言形式的使用得体性问题，具体的语用要素包括词语的感情色彩、语体色彩、文化色彩以及语言间不同的思维方式和习惯等。

（一）感情色彩偏误

（1）*老师，你苦口婆心教训我们，你用甜言蜜语劝解我们。

---

① 此例和下例引自李岩岩：《现代汉语插入语及留学生使用情况研究》，华东师范大学硕士学位论文，2016年。

学习者本来是要赞美老师的，用了"苦口婆心"和"劝解"两个具有积极意义的词语，然而"教训"和"甜言蜜语"的使用却与作者的目的背道而驰，感情色彩大相径庭，真令那位老师哭笑不得。

（2）*他说话很幽默，我笑掉大牙了。

"笑掉大牙"指过分的耻笑，这里的"笑"不与"哭"相对，因此用在这里很不合适，如果改为"我要笑死了"就比较合适了。

（3）*谢谢你们鼓掌，拍马屁我。

一位留学生在课堂上精彩地回答出了一个问题，全班同学为他鼓掌，于是他说出了这样一句表示感谢的话。"拍马屁"指阿谀奉承，是个贬义词，用在这里极不合适，导致表达混乱而矛盾。

（4）*他俩学习都很好，真是一个半斤，一个八两。

"一个半斤，一个八两"用来指两者在消极意义方面程度差不多，具有贬义的感情色彩。这句话的前部分是积极肯定，后面的评价却又变成了消极否定，两部分不协调。

（5）*老师，您真是个书虫子，我太佩服您了。

"书虫子"具有贬义色彩，而"佩服"却是褒义词，两词用在一起来赞美老师，感情色彩矛盾，不符合语言环境。

（6）*据说当地偷盗现象如雨后春笋一般层出不穷。①

"雨后春笋"比喻积极的事物大量出现，是不能用来形容"偷盗"现象泛滥的。

（二）语体色彩偏误

（1）*雷锋是世界上最伟大的主儿。②

"主儿"口语中指一类人，倾向于贬义，如"他可不是个好惹的主儿"，而本句是对雷锋的积极评价，也出现了"伟大"这样的书面语词，因此"主儿"用在这里很不协调。

---

① 第（4）（5）（6）三例来自訾德才：《论对外汉语词汇教学过程中的"偏误预治"策略》，《云南师范大学学报（对外汉语教学与研究版）》，2005年第6期。

② 此例出处同上注。

（2）*据报道，克林顿夫妻将对大韩民国进行一个礼拜的访问。

这句话的内容宜用书面语体，其中也出现了"据报道""大韩民国""进行""访问"这样的书面语词，然而"夫妻""礼拜"则是口语词，语体色彩失调，应改为"据报道，克林顿总统夫妇将对大韩民国进行为期一周的访问"。

（3）*大娘，请问你配偶叫什么名字？①

"配偶"是书面语词，而这句话的语境要求用口语词，因此应将"配偶"改为"老伴儿"。

（三）社会习惯差别

留学生：我找老师。

办公室老师：找哪个老师？

留学生：阅读老师。

办公室老师：阅读老师叫什么名字？

留学生：不知道……老的女人，女人，老的……老女人。

描述一个老师，不能用"老女人"这样的词，因为"老女人"虽然从字面上是"老的女人"，但是它含有"厌恶"义。在中国人的交际习惯中，"老太太""老头儿"与"老女人"和"老男人"是不能对等的，前者是中性词，后者含有"厌恶"义。在上述对话中，学生只要说这是一位"年龄大的女老师"就可以了。

十七、篇章偏误

篇章教学是对外汉语教学的重要内容，也是对外汉语教学的难点和重点。词语教学与篇章教学密切相关，因为词语教学的最终目标是培养学生语段篇章的表达能力。与词语运用相关的篇章偏误复杂多样，包括省略、替代、关

---

① 第（2）（3）例来自萬德才：《论对外汉语词汇教学过程中的"偏误预治"策略》，《云南师范大学学报（对外汉语教学与研究版）》，2005年第6期。

联词语、句式、句序、词汇衔接等。①根据科德显性偏误（overt）与隐性偏误（covert）的分类法，篇章错误应属于隐性偏误。显性偏误是指那些带有明显结构形式错误的句子，隐性错误则指在一定的语境或交际情境中显得不恰当的句子。②

（一）该省略而不省略

（1）*昨天我参观了国际名花展览会，我观赏很多种类的花。

（2）*我进去看到衣服、杂志什么的东西都放得乱七八糟，我不知道从哪里开始动手才好。

在这两个例子中，每个例子的第二个分句也都重复使用了主语"我"，而这个"我"是应该省略的。

（3）*玫瑰花的种类、颜色很多，红色、粉红色、白色、黄色以至蓝色，玫瑰花的颜色非常多。

"玫瑰花的颜色非常多"与"玫瑰花的种类、颜色很多"重复，应改为："玫瑰花的颜色和种类都很多，红色、粉红色、白色、黄色以至蓝色，什么颜色都有。"

（4）*这个纱窗坏了，你重新做纱窗。

第二个分句的宾语与第一个分句主语中的中心语重复，可以改为"这个纱窗坏了，你重新做一个"，用数量短语"一个"代替"纱窗"。

（5）*这里的啤酒品种很多，最为人们喜爱的啤酒是三得利。

"啤酒"在这个句子中两次出现，显得拖沓、啰嗦，表明学生还不会使用"的"字结构来避免重复。本句应改为"这里的啤酒品种很多，最为人们喜爱的是'三得利'"。

（二）代词照应偏误

*我小的时候，妈妈家务负担很重，所以妈妈没有时间和精力追求自己的

① 黄玉花：《韩国留学生的篇章偏误分析》，《中央民族大学学报（哲学社会科学版）》，2005年第5期。
② 刘珣：《对外汉语教育学引论》，北京语言文化大学出版社，2000年。

爱好。①

此例中的第二个"妈妈"应用"她"来照应。

（三）零形式照应偏误

*妈妈生气了，妈妈把我扔在了公共汽车上。②

此例中的第二个"妈妈"应去掉，在同一话题链内的小句之间，一般使用零形式照应。

（四）关联词语偏误

（1）*我以后不但要辅导好孩子们的功课，而帮助他们树立远大的理想。③

此例中"而"与"而且"混淆，"而"应为"而且"，"不但……而且……"是一组关联词语。

（2）*住在郊外的生活真是一举两得，既空气新鲜又租金便宜。

关联词语"既……又……"表示同时具有两方面的性质或情况，连接动词或形容词，这样的结构，一般要求有共同的主语，如"应该做到既会工作又会休息""他既懂英语，又懂法语"。此例不适于使用这组关联词，因此可以改为"住在郊外好处很多，空气新鲜，房租又便宜"。

（五）词汇衔接偏误

跨越小句或句子的几个词项之间的意义联系，叫作词汇衔接，包括重复、同义词、上下义关系、广义词等。④这方面的偏误也比较常见，如：

（1）*踢球也好，网球也好，只要锻炼身体，不管有多累，也要坚持身体健康。

汉语的词语运用讲究匀称和谐，包括语义、功能、音节等各个方面。上

---

① 黄玉花：《韩国留学生的篇章偏误分析》，《中央民族大学学报（哲学社会科学版）》，2005年第5期。

② 同上注。

③ 同上注。

④ 刘辰诞：《教学篇章语言学》，上海外语教育出版社，2001年。

例中"踢球也好"和"网球也好"形成并列关系，因此至少在功能上要一致，但"踢球"是动词性短语，而"网球"是名词，两者在功能上不对应。此例可以改为"踢足球也好，打网球也好，只要能锻炼身体，不管有多累，都要坚持"。

（2）*在韩国，特别看重外貌，特别是女人找工作的时候。

在篇章表达中，不宜近距离接连出现同一词语。此例中连续出现两次"特别"，因此可以将第二个"特别"改为"尤其"。

（3）*我一早就赶到了书店，谁知我等了半个小时。

此例的语义不能自足，后面与前面缺少呼应，可以改为"我一早就赶到了书店，谁知我等了半个小时才开门"。

第三节 偏误产生的根源及教学对策

偏误的产生总体上说有内部原因，也有外部原因。内部原因主要指与学习者的学习策略有关的因素，外部原因主要指教材、教师、词典等方面的因素。正确地处理偏误是不容忽视的教学环节。

一、偏误产生的根源

第二语言学习者的偏误有多方面的来源。有的偏误是由一种因素造成的，有的则是多种因素共同作用的结果，甚至有的也难于明确分析出来到底是哪一种或哪几种因素导致的，因此这是一个比较复杂的问题。以下我们将从母语的负迁移等五个主要方面进行分析。

（一）母语的负迁移

母语的知识和规则对目的语学习产生的干扰作用就是母语的负迁移，这是比较常见的偏误根源，特别是在初学者身上体现得尤为突出。

（1）*下个月我回国参观爷爷。

"参观"后应接处所名词做宾语，而不能接指人名词或人称代词。此句中的"参观"应为"看望"，偏误的原因在于学习者把"参观"与英语的"visit"完全对应起来，"visit"在除了有"参观"义外，还有"看望""拜访"等义，它们各自的搭配对象是不同的。

（2）*读报纸

英语母语者根据"read newspaper"，直接对译为汉语"读报纸"，这不符合汉语"看报纸"的搭配习惯。

（3）*这是我的女狗。

英语中不论人还是动物，性别都可以用male和female，而汉语是有"男""女"和"公""母"（雌雄）的区别的，学习者"以英律中"，造成偏误。

又比如以韩语为母语的汉语学习者会说"气温热"等，也是受了母语的影响。

（4）*昨天晚上，我晚一点儿睡觉，今天迟到了。

"晚一点儿""慢一点儿""快一点儿""早一点儿"这些词语可以独立成句，也可以在未然句中作状语，在已然句中应该用"晚了点儿""慢了点儿""快了点儿""早了点儿"作补语，由于学习者的母语中缺少补语成分，因此他们将状语过度泛化。

（二）目的语的负迁移

实践表明，第二语言学习者受母语干扰的程度随着目的语水平的逐渐提高而减弱，相应地，受目的语影响的程度却随着语言水平的提高而增强。学习者把有限的目的语知识不适当地进行类推而造成偏误的现象，称为目的语的负迁移，也叫过度泛化（over generalization）。

（1）*早上我提醒的时候，他们已经走了一个小时了。

汉语复合词中的语素都有意义，语素义与词义密切相关，特别是一些联合式复合词，其意义与其中一个语素的意义基本相同，如"道路—道—路""语言—语—言"等，这更加强化了学习者对单双音节词有时同义的认识，此例就是误将双音节词"提醒"等同于了单音节词"醒"，虽经教师多次提醒，偏误仍时有发生，有化石化的倾向。

（2）*他是我班最聪聪明明的学生。

汉语中有的形容词可以重叠，有的不可以，如"聪明"，而且重叠的形容词前不可以有程度副词修饰，此例将形容词的重叠规则和副词"最"过度泛化，造成偏误。

（3）*那时候我吃惊了。

"了"用在句尾，表示变化义；但如果心理动词作谓语，前面有状语，则一般不用于状态变化的说明而侧重于描写，往往在形容词前加"很"等程度副词，不用"了"字。此例将句尾"了"过度泛化。

（三）简化

*那个女人生气了，出去了。她决定第二天惩罚那个伙计。[①]

简化是学习者将复杂句子简化为简单句的一种学习策略。此例就是由简化造成的，应将连贯复句改为连动词组谓语句："那个女人生气出去了。……"

（四）回避

（1）*他很忙，甚至五分钟吃饭的时间没有。[②]

回避是学习者在对目的语知识和规则以及话题没有把握的时候经常采用的一种策略，往往避繁就简，避难趋易。此例回避了关联词语"连……也/都……"的使用，回避的结果是不能准确地表达意思，甚至造成句法错误，就更谈不上地道了。

（2）*请给我你的书。

"把"字句是汉语学习的难点，一些学习者往往采用回避策略，避免使用。此例应该说成"请把你的书给我"。

（五）外部因素

外部因素与内部因素相对，上述我们提到的类型都属于内部因素，即与学习者自身学习策略相关的因素。外部因素是指除学习者自身因素以外造成偏误的因素，主要指教师不够严密的解释和引导，甚至不正确的示范，教材的科学性不够或编排不当，词典解释不准确等。

1.教材

（1）嫌：dislike

这是一本教材的解释。按照这样的解释，难怪学生造出"我嫌他""我嫌电视机的样子"等错误的句子来。

（2）骂街：shout abuses in the streets

---

① 引例来自田善继：《非对比性偏误浅析》，载柳英绿、金基石主编：《对外汉语教学的理论与实践》，延边大学出版社，1997年。
② 同上注。

一本教材这样解释"骂街"，说明英语译者自己都不懂这个词的含义，这对学习者来说简直就是误导。

（3）先（副）：first

教材如此解释"先"，那么学习者造出"我们的寒假从一月九号考试，先我打算去北京玩儿"的错误句子便在情理之中了。

（4）口（名、量）：mouth;(a measure word)

"口"确实可以作为量词使用，但被计量的名词是有限制的，教材未对此作出说明，那么学习者造出"我们一共七口留学生，一起玩得很高兴"的句子便不足为怪。

（5）遍（量）:(a verbal measure word) times

"遍"作为动量词，不完全等同于"次"，在有些情况下，只能用"遍"，不能用"次"，按照教材的解释，学习者自然会造出"上个月他又去了一遍北京"这样的错误句子来。

（6）为：for[①]

"为"有很多用法，与英语的"for"不完全对应。按照教材的解释，学习者很容易把英语句子中的"for"换成"为"，造出"我等他为一个小时"这样的句子来。

（7）课堂：classroom

一本教材上如此解释，难怪学习者说"我的书包落在课堂里了"。"课堂"和"教室"语义相近，但存在差异，正在进行教学活动的教室是课堂，下课之后的教室就不是课堂了。

（8）无聊：苦闷，不快乐[②]

这样解释很不准确。如果学习者造出"我这次考试不太好，请老师不要无聊"的句子也就不足为怪了。

教师要注意教材上的词语解释，认真分析，解释欠缺和对学习者存在误导的地方，要向学习者说明，加以匡正，以免造成偏误甚至是偏误的化石化。

---

① 第（3）（4）（5）（6）例来自钱玉莲：《偏误例析与对外汉语教材编写》，载柳英绿、金基石主编：《对外汉语教学的理论与实践》，延边大学出版社，1997年。

② 此例来自彭泽润、李葆嘉主编：《语言理论》，中南大学出版社，2000年。

2. 词典

（1）《现代汉语词典（第7版）》第1166页对"生"的部分解释：① 生：
囲生育；出生。例子之一是"～孩子"。

据此解释，学习者很容易推理出"生"等于"生育"和"出生"，那么造
出"医生对我妈妈说：'你如果现在出生孩子，你很危险'"这样的句子便是
自然之事了。理想的词典释词和被释词无论在语义还是在用法上都应该一致，
就"生"而言，应该将及物和不及物两种情况分列义项，这样便不会导致功
能混淆。

（2）《现代汉语词典（第7版）》第1549页对"以为"的部分解释：囲认
为：这部电影我～很有教育意义。

根据这样的解释，学习者会造出"爸爸让我学汉语。爸爸以为中国经济
发展快，将来在东北亚贸易"的句子来，而其中的"以为"换成"认为"才
恰当。根据词典的解释，使用者会将"以为"和"认为"等同起来，这势必
导致词义的混淆，造出"我认为是谁呢，原来是你"的句子来。词典对"以
为"的释义有欠严密，至少应该分列义项说明。

（3）《现代汉语词典（第7版）》第1313页对"同居"的部分解释：囲
① 同在一处居住：父母死后，他和叔父同居；② 指夫妻共同生活，也指男女
双方没有结婚而共同生活。

根据这样的解释，学习者便会造出"老师，他和妻子是去年结婚同居的"
这样的句子，但是这不符合汉族人说话的习惯。"同居"现在的常用义应为
"男女双方没有结婚而共同生活"，结了婚在一起居住就不能叫"同居"。

3. 教师教学以及本体研究

一些词语偏误源自教师不够严密、准确的讲解，比如没有指出某词的句
法功能以及该功能的使用频率、限制条件等，未对词语的语义特征进行说明，
不能很好地突出和强调词语的意义范围，不能准确有效地对同义词进行辨析，
等等。

另外一方面，我们的本体研究对汉语规律的探讨还不能做到尽善尽美，
如"的"字的隐现等问题，因此无论是教材还是教师，解释都未必完美无缺、
无懈可击，结果势必会影响学习者的进步，影响教学效率的提高。

二、偏误教学对策

偏误是第二语言学习不可避免的，如何对待偏误，如何利用偏误使学习者不断克服错误而趋近目的语也是第二语言教学不能回避的问题。一般来讲，处理偏误应从以下几个方面入手。

（一）偏误的搜集

教师获取学习者偏误语料的主要途径是教学实践，具体的偏误来源：一是学习者的书面表达，如作文、作业、考卷、请假条、翻译材料等；二是学习者的口头表达，如课堂上回答问题、与同学的课堂问答、平时谈话聊天等。来自教学实践的词语偏误，由于是学习者自发性地使用目的语，没有受到任何的暗示或限制，学习者的选词用词行为处于自然状态，因此所得语料能够真实地反映他们掌握目的语的实际情况和偏误根源，但不足之处是随意性强，比较零散，要求教师具有较强的职业敏感性，善于发现，长期跟踪并及时地加以记录。另一条途径是针对某些词语，以合适的形式设计问卷或调查表，统计这些词语的偏误表现，包括偏误的全貌、偏误的种类、偏误的特点和偏误的原因等，好处是针对性强，偏误集中，便于统计和操作，但由于是受限调查，目标集中而突出，具有一种暗示或提醒作用，易引起被测试者的应试性反应，即在自然状态下，本来很可能进行错误选择的，由于受到调查问卷的提醒作用而策略性地改变常规的反应，从而做出正确的选择或判断，而事实上学习者并没有真正地掌握相关的词语知识。所以这种方法在可信度上要打一定的折扣。

作业或问卷的题型对偏误的可信度也有不同程度的影响，如用指定的词语造句，特别是口头造句，由于造句不是仅仅掌握了一个目标词语就能完成的任务，它还要受制于学习者拥有的词汇量以及相关的词语使用规则，而且由于学习者可能一时难以构筑一个有效的语境，因此造句在某种程度上不是纯粹的自发使用，而是在综合因素的作用下，受制于主客观的条件，即使他明白目标词语的意义和用法，也有可能造出错误的句子。调查问卷就更不适于采用造句的形式。

选词填空也是一种受限形式，不是真实状态的自然反映；把学习者的母语翻译成汉语是自发与限制相结合的形式，测试的针对性和目标性能在较大的程度上得到实现。

需要指出的是，要求高年级学生写作文（当然不仅仅是写作课）应该是不错的发现偏误的方法。作文可以是命题作文（题目一定要合适，能够引起学习者的兴趣），也可以给出一定的范围，学生自由写作。写作文的好处是，学习者的种种偏误问题会得到全方位的反映，包括词语理解和使用，词语的语用问题、篇章策略问题等都可以一览无余，而且是真实自然状态下词语运用的表现，这样得到的偏误语料最可靠。

（二）偏误的整理和分析

首先，对搜集到的错误进行剔除和筛选的工作，根据性质分为失误和偏误两类。失误不具有典型性和代表性，只是学习者一时的口误或笔误，经过检查，学习者本人可以发现并能改正过来，对这样的非典型错误，教师只需个别提醒，无需给予特别关注，如果不加甄选地展示出来，则是多此一举，甚至误导学生，降低教学效率，干扰学生对感知的注意力。而偏误则反映了学习者的实际语言状况，是有规律的，成系统的，具有一定的代表性和普遍性，其背后隐藏着一定的"道理"，这个道理是学习者依据的母语或目的语的知识或规则，只不过这种知识或规则用错了地方而已。偏误才是整理分析和研究的真正对象。

其次，根据语言知识和语言习得理论将偏误语料根据错误的表现分门别类进行整理，不同性质不同知识点的偏误分作不同的类别，具有共性和内在有机联系的偏误归为一类，以便于学习者的整体理解和把握；同时再根据偏误的来源进行对症下药的处理：属于母语负迁移的，要进行汉外的对比分析；属于目的语负迁移的，要对目的语的有关知识和规则进行深入细致的分析，寻找最能为学习者接受和领会的角度进行说明；属于教师和教材以及词典误导的偏误要及时加以纠正，以免偏误扩大；等等。分析要切中要害，把握本质，言简意赅，深入浅出，并以最小的变动、最忠实原义的方法对偏误实例进行准确的修改，便于学习者从正误的对比中体会到正确的用法。

（三）偏误的讲解

偏误的讲解指面向学习者对偏误进行分析说明，是有效解决偏误问题的重要环节。那么什么时候进行偏误讲解比较合适呢？从作用的角度来说，可以在偏误发生之后，及时地对偏误进行纠正，避免偏误继续发生进而化石化；也可以在偏误发生之前，教师根据经验主动出击，进行偏误预警，将偏误消灭在萌芽状态。

1. 偏误纠正

课堂展示的偏误可以是学习者的作业中出现的，也可以现场让学习者做一个含有目标词语的练习，当然这是一个有陷阱的练习，其中一定会有目标词语偏误的发生。比如，纠正由教材和词典解释造成的"嫌"的偏误问题，在正式讲解之前，让学习者用"嫌"完成句子，如：

他没有带我们去那家餐厅吃饭，因为 _____。

大多数学习者都不能正确地补充完整，如"因为他嫌那家餐厅（味道/服务/价格）"，也有个别学习者会写出"因为嫌弃这个餐厅"。

教师给出正确的形式："他没有带我们去那家吃饭，因为他嫌那家的味道不怎么样（服务不太好/价格太高）"，并且给予说明，"嫌"的使用格式是：

嫌（+名词性成分）+谓词性成分

这是一个兼语结构，其中"名词性成分"可以省略，如"嫌冷""嫌甜"等。

由于有的学习者将"嫌"和"嫌弃"混淆起来，有必要进一步进行区分。"嫌弃"往往后接指人名词作宾语，意思是因为不喜欢而不愿意接近，不愿意在一起，如"虽然他有些智力缺陷，大家也不要嫌弃他"。接着教师介绍一句俗语，然后写在黑板上，但是删掉其中的目标词，让学习者填写出来：

儿不_____母丑，狗不_____家贫。

教师再进一步问，这句话是什么意思呢？接着把对这句俗语的解释写在下面，同样删除目标词，让学习者填写：

无论母亲有多丑，孩子都不会_____他的母亲，无论家里有多穷，狗都不会_____它的主人。

学习者很容易就能正确地填写出来"嫌"和"嫌弃"，进而体会到两个词的用法之别。

也可以把学习者写的一些句子或语段篇章等印发下去，让他们指出是否存在错误，错在何处，为什么错了，如何修改，这可以充分调动他们的积极性，大家从各个角度思考，提出各种意见，因此对偏误的印象也就更加深刻。而且由于这些语料都出自他们之手，对他们来说，有一种亲切感（为照顾学习者的面子，教师不宜在课堂上指出是谁写的），所以很容易吸引他们的注意力，激发起他们关注的热情，课堂气氛也很活跃。

关于展示偏误的语言形式，初级阶段可以用短语和句子，中高级阶段最好用语段和篇章。

由于偏误具有顽固性和反复性，一次纠正未必见效，可能需要多次纠正，所以经常做一些相关练习可以了解学习者的掌握情况，从而做到有针对性地施教。

2. 偏误预警

根据教学经验，将易出现的偏误在未发生时展示给学习者，提前发出预警，让学习者在正确和偏误的比较中体会目标词的意义和语用特点，提高他们避免偏误的自觉性，这样可以使学习者的习得过程少一些障碍和麻烦。偏误产生后再进行纠正，由于过度泛化的根深蒂固，能否纠正过来和需要多久才能纠正过来，都存有很大的不确定因素，因此如果说偏误纠正是亡羊补牢的被动抵御，那么偏误预警就是未雨绸缪的主动出击。在讲解具体的词语时，教师可根据教学经验，强调容易发生的偏误，突出运用时应注意的方面，比如上面提到的"嫌"，它的后面一定要跟一个谓词性成分，而只跟一个名词性成分的用法是错误的，通过实例展示，学习者就会了然于胸。又比如"见面"一词，在讲解时，一定要提醒学习者，后面不可以带宾语，是个不及物动词，如果要引出见面的对象，应用介词"跟"，构成"跟……见面"的习惯搭配。

本章小结

词汇偏误在第二语言习得的偏误中占有相当大的比重，在很大程度上反映了中介语的状态。汉语的词汇偏误类型表现在各个方面，从中也可以看出词汇教学的核心地位。偏误的产生有内因也有外因。内因包括母语或目的语的负迁移，学习者的学习策略因素；外因是指由教师、教材、词典等导致偏误的外部因素。纠正偏误或对偏误进行预警是减少偏误率、提高正确率的两条必由之路。

思考题

1. 偏误分析的意义是什么？
2. 偏误产生的内因和外因分别是什么？
3. 偏误处理的步骤有哪些？
4. 偏误预警有什么积极作用？

本章主要参考文献

桂诗春：《我国外语教学的新思考》，《外国语》，2004年第4期。

黄玉花：《韩国留学生的篇章偏误分析》，《中央民族大学学报》，2005年第5期。

刘辰诞：《教学篇章语言学》，上海外语教育出版社，2001年。

刘珣：《对外汉语教育学引论》，北京语言文化大学出版社，2000年。

鲁健骥：《外国人汉语词语偏误分析》，《语言教学与研究》，1987年第4期。

钱玉莲：《偏误例析与对外汉语教材编写》，载柳英绿、金基石主编：《对外汉语教学的理论与实践》，延边大学出版社，1997年。

全香兰：《汉韩同形词偏误分析》，《汉语学习》，2004年第3期。

沈家煊：《口误类型分析》，《著名中年语言学家自选集——沈家煊卷》，安徽教育出版社，2002年。

田善继：《非对比性偏误浅析》，载柳英绿、金基石主编：《对外汉语教学的理论与实践》，延边大学出版社，1997年。

许璧：《朝鲜语中的汉字词——论汉语和日本语对朝鲜语的影响》，柳英绿、金基石主编：《对外汉语教学的理论与实践》，延边大学出版社，

1997年。

　　焉德才：《论对外汉语词汇教学过程中的"偏误预治"策略》，《云南师范大学学报（对外汉语教学与研究版）》，2005年第6期。

　　Corder, S. "The significance of learner's errors". *International Review of Applied Linguistics*, 1967, 5（4）. Reprinted in S.P. Corder. *Error Analysis and Interlanguage*. Oxford：OUP, 1981.

第七章

对外汉语学习词典的
编纂

　　作为不可缺少的学习工具，对外汉语学习词典是教材的补充和延伸。一本好的词典是学习者预习、学习和复习的良师益友，而现有的词典质量上乘的为数不多，因此词典建设亟待加强。单语对外汉语学习词典的编纂需要遵守一定的原则，这样才能编纂出适用、实用、好用的词典来。本章所讨论的有关内容对于教材和课堂教学中的生词解释也具有参考意义。

第一节　对内汉语词典与对外汉语词典的不同

供外国人学习汉语用的词典称为对外汉语学习词典，相应地，为表达的方便，我们把供母语为汉语的人使用的词典称为对内汉语词典。无论哪一种词典，都是汉语学习者或使用者离不开的语文工具，对汉语学习或汉语运用具有重要的促进、指导和规范作用。但是对内汉语词典和对外汉语词典毕竟是两种性质不同的语文工具书，在很多方面都存在着差异。对内汉语词典对对外汉语词典的编纂有着重要的借鉴和参考作用。

一、读者对象不同

对内汉语词典的读者对象是以汉语为母语的人，词典编纂的目的是让汉语的使用者了解词语的读音、释义和运用，扩大词汇量的储备，不断提高汉语表达的准确性和生动性，同时也为人们提供语言文字方面的标准，促进汉语言文字的规范化。

对外汉语词典的读者对象为母语为非汉语的人，词典编纂的目的是让汉语的学习者准确地理解汉语词语的意义，学会正确地组词造句，提高学习汉语的效率和使用汉语的水平，使自己的中介语不断趋近标准目的语。对对外汉语教学来说，对外汉语学习词典是教材的补充和延伸，是学习者预习、学习和复习的良师益友。

读者对象和编纂目的的不同决定了词典性质的不同，对外汉语词典是帮助不以汉语为母语的读者学习汉语的学习词典，而对内汉语词典则是描写性的规范词典或参考词典。

二、收词范围和义项处理不同

对内汉语词典的收词和义项选择范围会因读者文化程度的不同而有不同

的取舍，比如《现代汉语词典》就是一部供中等以上文化程度的读者使用的中型词典。对内汉语词典中有面向中学生的学习词典，收词范围和义项的取舍依据中学生的语文教学要求和实际情况作出限定，所收的词条主要是词以及固定短语，即词汇的典型成员。多义词的义项是依照本义、引申义等的顺序排列的。

对外汉语词典的收词范围和义项选择不同于对内汉语词典，更强调常用性和实用性，也就是说，外国人学汉语很少用得上或根本用不上的词语或义项不予收录，因为对外汉语学习词典涵盖的是积极词汇，它"只是一种阶段性的工具，其基本功能在于引导初学者熟悉目标语并尽快向内向词典过渡"，[1] 待到学习者的水平达到了一定的程度时，他们便可直接使用适合的对内汉语词典而抛弃对外词典这根"拐棍"。所收的词条除词和固定短语外，还包括常用的框架结构，如"东……西……"等，包括常用的关联词语，如"连……都/也……"等，以及其他常见的组合形式，如"意味着"，等等。多义词的义项根据义项的使用频率由高到低排列。义项取舍分合也与对内汉语词典不尽相同。

三、编排体例不同

对内汉语词典的编排体例包括词条、注音、词性标注、释义和示例等；而对外汉语词典除了上述内容之外，一般还包括结构说明、用法说明、同义词辨析、常见偏误举例和外文注释等，目的在于从多个角度解释词义，说明用法。

四、侧重点不同

对内汉语词典可以说是"词的一份清单"，重在解释词义，而对外汉语词

---

① 郑定欧：《对外汉语学习词典学刍议》，《世界汉语教学》，2004年第4期。

典是"词的用法的一份清单"。①词义解释是对外汉语词典的基础，对词的用法进行说明和展示则是更重要的，也就是在释义的同时通过说明、示例、提示和辨析等引进语法的信息，实现词汇和语法的糅合，真正满足学习者所需。

五、释义和示例用词语不同

传统上，对内汉语词典释义和示例所用的词语往往具有随意性，反映出在受限词语方面缺乏自觉而深入的研究，因而会出现释词难于被释词等一些奇怪的现象。而对外汉语词典由于读者对象的特殊性，词典编写所用的词语亦即释义词语和示例词语要受到使用频率、常用性、覆盖面等方面的严格限制，因而数目有限，其目的就是方便母语为非汉语的学习者的使用，真正实现词典所能给予读者的以少知多的作用。

六、示例要求不同

对内汉语词典的示例只是简单地随意地举例用以辅助说明词义，并不关注语法信息的系统呈现，也不考虑可读性、趣味性以及语境的可想象性；而对外汉语词典对示例的要求除了使用受限词语外，所举例子应能系统地显示词语的语法信息，也就是在明确词义的同时做到比较全面而精要地"例解文法"，②实现词汇—语法的有机糅合。对外汉语词典的示例要求简明易懂，容易引发学习者的兴趣，同时示例的语境要便于理解，易于想象。

由上可以看到，对内汉语词典和对外汉语词典不是一回事，两者之间存在着很多重要的区别，这是不容否认的。但我们也应该看到，它们之间也存在着一些相同的方面，否则就不会出现对外汉语词典成为对内汉语词典的"模仿秀"的现象。对内汉语词典凝结了大量的语言本体研究的成果，涵盖了许多的文化知识，集中了词典编辑者的智慧，因此其编排的体例、词义的解

---

① 郑定欧：《对外汉语学习词典学刍议》，《世界汉语教学》，2004年第4期。
② 同上注。

释、用法和语用的说明和示例的呈现等，对对外汉语词典有着重要的借鉴和参考作用，如果放弃对对内汉语词典的充分利用而完全创新，则是对前人智力成果的巨大浪费，是一种不智之举。但是任何事物都不是完美无瑕的，对内汉语词典即使不与对外汉语词典相比较，从它本身来看，由于时代的变迁、语言的发展、语言研究和词典研究的进步等主客观因素的影响，难免也会存在一些不足甚至错误之处，因此对外汉语词典的编写在遵循一定的原则和要求的基础上，对对内汉语词典的借鉴和利用还要有一个去伪存真、去粗取精的过程，而不能盲目吸收。

第二节 内外汉语词典编纂的现状

一、对内汉语词典编纂的现状

面向母语者的汉语词典（我们权且称为对内汉语词典）与对外汉语词典不能截然分开。对外汉语词典不是无源之水，它必然会从对内汉语词典中吸收和借鉴合理的内容和方法。对内汉语词典是对外汉语词典的重要依据和参考，是对外汉语教师不可缺少的工具。目前，在广大对外汉语教师中使用最为普遍的语文词典就是《现代汉语词典》。《现代汉语词典》是一部以记录普通话语汇为主的中型词典，使用对象是中等以上文化程度的读者。该部词典的编写宗旨是推广普通话、促进汉语规范化和汉语教学，从1978年正式出版至今多次修订，2016年推出了第7版。《现代汉语词典》在问世的半个多世纪里，在推广普通话、促进汉语规范化、推动汉语教学和普及文化知识等方面作出了积极的贡献，具有广泛的影响力和无可比拟的权威性。《现代汉语词典》在对外汉语教学领域也发挥了积极的作用，长期以来一直是广大对外汉语教师的重要工具，也是一些留学生学习汉语的权威辞书，是对外汉语词典编写的重要依据，因其有广泛的影响力，在很多方面成为对外汉语学习词典模仿的蓝本。但是毋庸讳言，从对外汉语教学的角度看，这部词典存在着若干不足的方面；即使是从母语语文学习的角度看，也同样存在着一些问题。瑕疵的存在如果得不到及时的纠正，便会产生不可忽视的误导作用。因此，我们认为有必要将对内汉语词典的典范之作《现代汉语词典》所存在的一些不足进行简单的评述，以引起广大对外汉语教师、对外汉语词典和教材的编写者的重视，避免盲目吸收。当然，这些不足之处的存在并不能掩盖《现代汉语词典》的功绩，所谓瑕不掩瑜。

（一）释词难于被释词

（1）表：②中表（亲戚）：～哥

"中表"一词对一般读者来说比"表"要陌生，如此解释让读者摸不着头脑，只能后查"中表"才能了解"表"的第2个义项的意思。

（2）活力：图 旺盛的生命力

用作解释语的"旺盛"和"生命力"，其难度不亚于"活力"。

（3）纪念（记念）：① 用事物或行动对人或事表示怀念：用实际行动～先烈。

不可否认，"怀念"的难度不亚于"纪念"。

（二）同语反复或异词同训

（1）吉利：吉祥顺利

吉祥：幸运；吉利

这里"吉利""吉祥"循环解释，若想理解其中一词的含义，必须知道另一词，反之亦然，这无异于进入了一个词语怪圈。

（2）感人：形 感动人

动人：形 感动人

根据这样的解释，"感人"和"动人"不好区分。

（3）记录：①团 把听到的话或发生的事写下来：～在案。

记载：①团 把事情写下来：据实～。

如上，"记录"和"记载"看不出有什么本质的区别。

（三）释语与被释词功能不一致

（1）红：①形 像鲜血的颜色：～枣｜～领巾。

释义表述的中心词是"颜色"，为名词，而词类标注为形容词，功能矛盾。改为"颜色像鲜血一样的"也许要好。

（2）甚至：匪 强调突出的事例（有更进一层的意思）。

从释语上看，被释词应为动词，而这与所标注的词性相矛盾。建议改为"用来强调更突出的情况"。另外，此释语中的用词"事例"有欠准确，改为"情况"也许要好。

当然，《现代汉语词典》中在这方面也有做得比较好的，比如：

私自：圖 背着组织或有关的人，自己（做不合乎规章制度的事）：～做

出决定|这是公物，不能～拿走。

肆意：圖 不顾一切由着自己的性子（去做）：～攻击|～妄为。

以上两词的释语与被释词就很好地体现出了功能的一致性。

（四）词义概括不准

（1）总得：必须①："这件事情～想个办法解决才好。""我想他今天～来一趟。"

照此解释，学习者造出了这样的句子：

*明天的会议很重要，大家都总得去参加。①

（2）制造：①用人工使原材料成为可供使用的物品。

"制造"未必一定是"人工"，因此释语中的"人工"多余，而且造成内涵扩大，外延缩小。

（3）无损：① 没有损害。②

"无损"当为"不会有或没有损害"之义，这里的"无"并不是一定表示已然的"没有"义。语素义解释欠准确。

（4）绸子：薄而软的丝织品。

"绸子"的释义过于空泛，没有说明其本质特点，内涵小，外延大。

（5）发源：（河流）开始流出。

按照这样的解释，学习者造出了下面的句子：

*春天来了，冰冻的小河融化了，发源了。

*这条河从工厂发源。

准确的解释似应为"（大的河流）从一个地方产生"。

（6）分居：团 一家人分开生活：他们夫妻两地～。

"一家人"中的夫妻关系以外的人不在一起生活，是不能叫作"分居"的，此词应解释为"夫妻不在一起或不在一个地方生活"。

（7）闪失：意外的损失；岔子。

----

① 此例来自周上之：《对外汉语的词典与词法》，《汉语学习》，2005年第6期。
② 此例和上例来自张莉：《〈现代汉语词典〉多义词处理指瑕》，《河北大学学报（哲学社会科学版）》，2005年第1期。

"闪失"往往是对未发生的意外事情的估计，似应改为"某件事有可能发生的不利情况"。

（8）隧道：在山中、地下或海底开凿或挖掘成的通路。

改为"在山中、地下或江河湖海底下开凿或挖掘成的通路"较好，原释不全面。

（9）同居：① 同在一处居住：父母死后，他和叔父～。② 指夫妻共同生活，也指男女双方没有结婚而共同生活。

根据这样的解释，难怪学习者造出"他们今年结婚同居了"这样的句子。第一个义项应为短语义，而不是词义，不必收录，作为词只有"男女双方没有结婚而生活在一起"之义。

（10）防御：抗击敌人的进攻：～战|不能消极～，要主动进攻。

原释不全面，应为"防备和抵御"，这样，词中语素的意义在词义中得到完整的显示。

（11）投身：献身出力：～于教育事业。

如果从词义上来说，用"献身"来解释"投身"不妥，"献身"的语义要强于"投身"。"投身"应解释为"把自己的身心投入到……中"。另外，释语中"献身"和"出力"语体色彩不同，不应放在一起使用。

（12）托人情：请人代为说情。也说托情。

"托人情"不仅仅是"请人代为说情"，似应解释为"在比较难办的事情上，请人帮忙"。

（13）脱：② 取下；除去：～鞋|～脂|～色。

根据这样的解释，难怪学习者说"脱眼镜"。"脱"是指将包裹在外的东西除下。另外，"脱脂""脱色"中的"脱"为语素，而且意义与作为动词的"脱"也不同，是"除去物质中的某一成分"的意思，应另设一个义项。

（14）嫌：③ 厌恶；不满意。

如果为"厌恶"义，后面只能跟指人宾语，不能接谓词性结构，如不能说"嫌冷"；如为"不满意"义，则不能接兼语结构。可以这样解释："不喜欢人或事物怎么样"。原释被一些教材或对外汉语词典照搬，有的英译成"dislike"，导致此词在使用上的高偏误率和化石化倾向，如"我嫌电视的样子"等。

（15）咬牙：① 由于极端愤怒或忍住极大的痛苦而咬紧牙齿。

此种解释不全面，"咬牙"也表示出于无奈而下决心做事的样子，如"后来，一咬牙就背字典，硬是一个字一个字地掰过来了"。

（16）以为：认为

照此解释，"以为"和"认为"没有区别，那么"我以为她走了"和"我认为她走了"表达的就是相同的意思，可这不符合语言事实。这样解释也许要好一些："认为（事后证明是错误的）"。

（17）企及：盼望达到；希望赶上：难以～

如此解释，意味着"企及"是一个述宾结构的复合词。"企"由"踮起脚后跟"义引申为"盼望"义，由"盼望"义引申为"赶上"义，"企及"中的"企"就是此义，而不是"盼望"义，"企及"是联合关系，而不是述宾关系。另外，若按此解释，所给的短语示例不能成立，因为不能说"难以盼望达到"，也不能说"难以希望赶上"。词典在"企"字头下，应增加一个义项："赶上"。

（五）近义词释义含混

情义：亲属、同志、朋友相互间应有的感情。

情谊：人与人相互关切、爱护的感情。

情意：对人的感情：～绵绵。

根据这三个词的解释，人们仍然很难区分它们的不同。

（六）缺少必要的理据交代

国色天香：原是赞美牡丹的话，后常用来称赞美女。也说天香国色。

大多数人都知道这个含义，但是不明白为什么表示此义。查了词典看到这样的解释仍然无解，词典理应对一些词简要地交代出其得名理据。

（七）义项漏收或分合不当

有些词的意义已经约定俗成并广泛应用于交际中，但词典疏于收录，因此读者查找不到符合语例的义项，感到茫然，如：

（1）不便："诸多不便""多有不便""带来不便"中的"不便"为名词，词典漏收。

（2）那："你那美丽的心灵"中的"那"是诗歌中的衬字，词典应予收录。

（3）"身不由己"是常用成语，但词典中没有词条，应该收录进来。

（4）生：①囻　生育；出生：胎～|卵～|～孩子|优～优育|～于北京。

"生育"和"出生"在意义上相距甚远，功能差别也很大，它们的施事主体是不同的，照此解释，难怪学习者造出这样的句子："你如果现在出生孩子，很危险"。应该将"生育"和"出生"分立。"生孩子"的"生"不宜用"生育"来解释，也许"把孩子带到世界上来"更合适一些。

（5）"信里说，家里有事，要他马上回去""电视上说，不能吃太热或太凉的食物"中的"说"指通过一定载体表示出（信息），词典未收，而此义项是比较常用的，应予收录。

（6）整整：圓　达到一个整数的：～忙活了一天|到北京已经～三年了。

"整整"强调的不是达到一个整数，而是强调数量大，如"整整跑了五小时十八分钟"。

（八）释词与被释词语体风格不一

长此以往：老是这样下去（多就不好的情况而言）。

释语中的"老是"为口语词，而"长此以往"为书面语词，语体风格不协调，可以改为"一直"。

（九）用法说明欠缺

（1）无力：①没有气力：四肢无力。

"无力"用于描述身体状态时，用法一般相对固定，如"四肢无力""浑身无力""感到无力"等。了解了这些，学习者就不至于造出"今天我上街，晚上回来我无力"的句子来。

（2）应邀：囻　接受邀请：～前往

按照这个解释，学习者造出这样的句子就不足为奇了："学校举办新年联

欢会，全体留学生都应邀了"。"应邀"一般只作状语，释义应为"接受邀请
（做某事）"，如"应邀出席"。"应……之邀"这个框式结构，也只能作状语，
如"应市长之邀出席宴会"。

（十）言语义误收

远视：②比喻眼光远大：她在生活中保持了平和～的乐观态度。

设备：①设置以备应用：新建的工人俱乐部～得很不错。

牢笼：④束缚：不为旧礼教所～①

以上义项的用法不典型，属于词的临时用法，尚未固定下来，不宜收入
词典。

二、对外汉语词典编纂的现状

据了解，现在大部分外国学习者使用的是其本国编写的双语词典，而且
电子词典占绝大多数，这些词典中，有的词语释义不准，标音不准，甚至收
有汉语中根本不存在的词语，存在的问题较多。

面向外国学习者的汉语学习词典的编纂工作一直是较为薄弱的环节。虽
然此类词典也有一些，但实用的不多。正如陆俭明先生所言："上个世纪80年
代以来，自称是为外国学生学习汉语用的字典、词典出版了不少，但是说实
在的，基本上都是《新华字典》和《现代汉语词典》的删减本，没有真正从
外国学生学习汉语的角度来考虑编写，包括收字、收词、释义、举例等。"②

目前对外汉语词典的不足主要表现在以下三方面：

（一）内外界限不明

内外汉语词典界限不明，主要体现在对外汉语词典在词条的设立、词语

---

① 此例来自张莉：《〈现代汉语词典〉多义词处理指瑕》，《河北大学学报（哲学社会科学版）》，
2005年第1期。

② 陆俭明：《商务馆学汉语词典·陆俭明序》，载鲁健骥、吕文华主编：《商务馆学汉语词典》，商
务印书馆，2006年。

的释义、例句的编写等方面照搬对内汉语词典（主要是《现代汉语词典》），有的表面上不同，实际上与对内汉语词典是"换汤不换药"的关系。我们知道，对外汉语词典与对内汉语词典的词条不完全相同，操母语者不需要解释的，对母语为其他语言的汉语学习者却有必要进行解释。内外汉语词典的义项分合是不同的，对外汉语词典对对内汉语词典中的义项有的要合并，有的要细化拆分。《现代汉语词典》有的词没有出条，有的词义项漏收，尤其是一些口语词。《现代汉语词典》没有收录的词条，大多数对外汉语词典也没有。在示例方面，对内汉语词典没有考虑可读性的问题，表现出随意性，而有些对外汉语词典对这样的示例也照录不误。对外汉语词典有特定的读者对象，因此要求有相宜的内容和形式。

（二）缺少实用的用法说明

大多数对外汉语词典要么只简单注明词性，不提具体用法，要么罗列一些抽象的含有术语的说明，如"后面可加动量词'次''回''下''遍'""后面可加趋向动词'去''下来''下去'""后面可加介词'到'"等，缺少具体语境的说明和展示，这不利于学习者领会、记忆和运用；即使提供了几个例子，有限的示例也不足以表明重要的和主要的语法信息。汉语学习词典应是"词的用法的一份清单"，比如就动词而言，应该为读者提供以下信息：论元类型，暗含内容，结构格式，足句标志。[①]通过示例引进语法信息即例解语法是一种有效的方式，也是学习词典编纂的大势所趋。这就涉及示例的系统性问题，而目前我们看到的词典对此还缺乏足够的认识和实践。

（三）释义方式不当

有的对外汉语词典采用同义词互释的方式，如：

夜间：夜里

行业：职业

亲身：亲自

---

① 郑定欧：《对外汉语学习词典学刍议》，《世界汉语教学》，2004年第4期。

这是一种苟简的方式，对学习者而言几乎毫无意义。有的词典对有些词采用以生词解释生词的方式，如：

酌情：斟酌

蠢：愚蠢；笨拙

可是在该部词典中却没有收录"斟酌"和"笨拙"两词，这让学习者如何领会"酌情"和"蠢"的意思呢？[①]

其他方面也存在明显的不足，如词义解释不准确，过于空泛、模糊（如"清秀：美丽又纯洁"）；示例不够浅近、不够典型；书面语过多；现代色彩不够；例句过少，语法信息不足；例句的趣味性和针对性不强；等等。[②]

在对外汉语学习词典整体不尽如人意的情况下，2006年商务印书馆出版的《商务馆学汉语词典》让人颇感振奋。由鲁健骥、吕文华主编的这本词典可以说是目前国内较为适合学习者使用的单语词典。词典对象是具有中级以上汉语水平的外国学生。主要有以下特色：

1. 字头做了语素和词的区分，是语素的注明"素"，是词的作词类标注。这样可以使学习者知道能否单独使用。

2. 词条按语素的意义排列，不同义项下面的词所含字头的意义相同（按字头意义是否相同安排词序）。

3. 释义和示例简明易懂，尽量使用学习者学过的语法和常用词，例子丰富，能反映词的用法和常见的搭配。

4. 重视词的用法，在对具体词的解释中说明用法，如：

恨不得：（动）（用在一些实际上做不到的事的前面）急切盼望（做成某事）。

该词典用例子显示用法，还用"注意"提示用法，同时提示词的搭配条件、位置、使用条件，对一些表示手势、面部表情等的词语提示其蕴涵的意义，对词的语体色彩和感情色彩也加以说明。

同时，该词典对一些易混词也进行了辨析，如"遍"和"次"等，以使

---

① 以上来自杨子菁：《评三部对外汉语学习词典及对提高释义水平的思考》，《辞书研究》，2001年第4期。

② 参看盛若菁：《对外汉语词典编纂中的语用原则》，《西南师范大学学报（人文社会科学版）》，2006年第6期。

学习者进一步明确各自的用法。

　　5. 在每个字头下按正序和逆序两个方向列出词条，以使学习者掌握更多含有此义项的词，帮助学习者扩大词汇量。

第三节 单语对外汉语学习词典的编纂原则

词典的编写都有明确的读者定位，单语对外汉语词典的读者一般是具有中等或初等汉语水平的不以汉语为母语的学习者，编写的目的是满足汉语学习者的学习需求，解决他们在学习过程中遇到的词语问题。明确了这样的读者对象和编写目的，就要针对对象读者进行总体构思和安排，依据一定的原则和要求进行编写。

一、可读性原则

可读性原则是指词典的表述语言应简洁明白，便于读者理解和接受，示例也要富有时代感、趣味性和亲切感。要做到这些，应注意以下几方面。

（一）释义和示例使用受限语言

释义和示例语言指的是用来解释词典所收词语的定义语言和表述语言，可称为词典受限语言或词典元语言。所谓"元语言"，是英语metalanguage的汉译，指的是"用来分析和描述语言的语言"，"是一种'工具语言'或'人为语言'"。[1]词典元语言来源于真实语言、自然语言，其主要特点是通用、高频、中性。[2]通过频率调查、语义比较以及人工干预等手段所得到的词典元语言，数量被控制在很小的范围内。较早使用元语言编纂词典也最为成功的当数《朗曼当代英语词典》（*Longman Dictionary of Contemporary English*, 1978）。该词典"一切定义和用例所用词语被限制在两千个词左右，这些词语是在充分研究若干英语词汇频率表和教学用语表之后加以精选的。在这个过程中，还特别参考了迈克尔·韦斯特的《英语一般词汇表》"。[3]单语对外汉语学习词

---

① 黄建华：《词典论》，上海辞书出版社，2001年。
② 参看苏新春：《汉语释义元语言研究》，上海教育出版社，2005年。
③ 陈丙超：《评〈朗曼当代英语词典〉》，《辞书研究》，1982年第3期。

典的受限语言到底有哪些词，现在还没有权威的一致的统计结果，不过苏新春对《现代汉语词典》中所有用来直接释义的释词进行了统计分析，从中提取出了首批高频释词4 000余条，可以用来参考。词典受限语言与常用词有一定的相似之处，但两者却不是一回事：常用词是人们在语言生活中经常使用的，与社会生活的共变关系非常密切，而词典受限语言虽也具有常用性，但却是在封闭的词典释义用词和示例用词中提取出来的，主要着眼于对词语进行解释和示范的工具性。常用词具有常用性，是人们生活中不可缺少的，也是学习者首先要掌握的，因此可用来帮助确定汉语的词典元语言，这有利于学习者对词典的有效利用。词典受限语言与词汇中的基本词汇也存在交叉关系。基本词汇的全民性、稳固性和能产性与词典元语言的高频性、复现性和普遍性有一定的联系，但两者是从不同角度所做的词汇类别划分：基本词汇是基于其在词汇系统中所起的作用而得到的类别，强调在现实语言中的基础作用，强调作为构造新词基础的生成能力；词典受限语言是基于其在词典编纂中所起的作用而得到的词语聚合，强调词典表述语言的核心作用，彼此的出发点和侧重点都不相同。

关于使用词典受限语言的利弊得失，也有学者指出，受限语言限制了编写者自由地、自然地运用语言，造成释义和示例表达不地道，如果学习者模仿这种不自然的表达方式而造出不符合语言习惯的句子来，那么由此造成的对学习者的误导作用则是与词典编纂者的初衷背道而驰的；同时，用受限语言解释某些词语确实会受到很大的限制，因而有时难以对词义进行准确的描写，如术语等。另外，使用受限语言会增加释义语句的长度，势必增加读者的阅读负担，因此有学者主张在一定程度上使用受限词语，也就是原则上使用受限语言，但不完全拘泥于受限语言，即不能扭曲自然状态的语言表述。国外有严格使用受限语言的词典，也有不使用受限语言而将在词典中使用十次以上的词语列于书后的，如《钱伯斯大众英语学习词典》和《柯林斯合作基础英语词典》。①

我们认为，根据不同的读者对象确定的受限词语一般在2 000—5 000个之

---

① G. Liu：《单语外向型汉语学习词典的理论与实践》，《辞书研究》，1999年第5期。

间，使用这些受限语言对表达的地道性几乎不会有什么大的影响。首先，对于母语使用者而言，他们日常生活中使用的词语也是数量有限的常用词，却可以自由、准确地表达他们的思想并进行交流；其次，受制于读者对象的水平，词典的收词范围是经过慎重考虑才确定的，生僻词、难词和过于专业的词都不会收录，因而也就涉及不到复杂的词语解释问题，不会出现非用受限词语以外的词语来释义不可的情况，受限词语应该能够满足释义和示例所需；再其次，学习词典的读者是为学习一门第二语言而使用该词典，一般为初中级水平，他们所要了解的词语的意义和用法一般是基本的、常见的，而特别专业的、复杂含义的解释工作作为一本外向型学习词典是不必承担的，而应由内向型词典或者翻译词典来完成，"外向型学习词典只是阶段性的工具，其基本功能在于引导初学者熟悉目标语并尽快向内向词典过渡"，[1] 所以对受限语言导致真实语言的扭曲和表达的生硬的担忧是不必要的。

（二）示例应具有趣味性、时代性和本土性

除了满足显示意义和用法的基本功能外，示例还应具有趣味性，使人读来妙趣横生，令读者在新奇和生动的语境中领会词义，感受使用规则，从而收到较好的学习效果。示例也应贴近现实社会生活，带有明显的时代色彩，使学习者读来亲切自然，易于产生时代共鸣，如"太空"的示例："中国人飞向太空的梦想已经实现了"，"就是说"的示例："为了发展高等教育，需要'扩招'，就是说，大学要增加招生。"[2]根据词典发行地域的不同，示例内容也应尽量体现出本土性，即适当选用适应学习者文化背景的例句，给他们提供不会有陌生感和容易理解的语境，以增强针对性和亲切感，如"看上"词条，可以这样示例："约翰看上了玛丽"，句中使用了西方常用的人名，对西方学习者来说，富有亲切感；如果是面向在中国境内的读者，则应尽量选用反映中国人生活和习俗的例句，便于学习者了解中国甚至融入中国人的生活。

有趣而富有时代感以及充满生活气息和本土特点的语境，不仅便于激发

---

① 郑定欧：《对外汉语学习词典学刍议》，《世界汉语教学》，2004年第4期。
② 两例来自刘川平：《对外汉语学习词典用例的一般原则》，《辞书研究》，2006年第4期。

学习者的兴趣，而且便于他们接受和利用所获得的词语信息。在现实生活中，有的意思是他们经常需要表达但表达不好的，如果我们提供了恰好符合学习者表达需求的语句，那么他对这个例句就会格外感兴趣，甚至会把整句背下来，形成板块来整体记忆和使用，进而模仿造句。

二、理据性原则

人们在进行信息处理的时候，总会尽量以最小的认知付出获得最大的认知回报。词语的学习也同样如此。对对外汉语学习词典的编纂而言，理据性原则就是在词典释义时明确揭示出语素义与词义的关联，使学习者获得理据信息，既知其然，又知其所以然。遵循理据性原则也可以增强词典的可读性和学习的趣味性。

（一）单纯词的理据处理

从造词法角度来说，现代汉语词语的单纯词除了摹声法中的拟声词、叹词、少数名词（如"猫""牛""鸡""布谷""鸭""鹅""知了""蝈蝈""蛐蛐""轱辘"）、摹拟音感形象的词（如"叽里咕噜""叽叽嘎嘎""唧唧喳喳"）以及音译外来词以外，很难说出其理据，特别是一些单音节单纯词，因为这些是语言初始的单纯的符号，是音义任意结合造词法造出的词。对于单纯词，有理据的应指出词的得名之由，如"猫"摹拟的是这种动物发出的接近于"māo"的叫声，"滴答"摹拟的是"水滴下落或钟摆摆动的声音"，"唧唧喳喳"摹拟的是"急乱尖细听不清楚的鸟叫声"等。

对于单音节单纯词可以从汉字的字形上对词义做出一定程度上的理据说明，如"山""人""网""火"作为象形字，词义理据就非常清晰；又如"本""末""寸""上""下""刃"作为指事字，意义均由字形显示出来；"明""休""歪""尖""北"作为会意字，意义均来源于字形部件的组合意义，如人靠在树上表示"休"，"不正"就是"歪"等，字形所表示的词义或语素义非常清楚；"响""根""愤""杯""剃"作为形声字，只能以形符"口""木""心""刀"显示部分语义信息，且是模糊的，不具体的，当然也能以声符"向""艮""贲""不""弟"显示部分声音理据。

（二）合成词的理据处理

一般地，合成词是有理据的，理据来自语素的意义、语素之间的结构关系及其与整个词义的内在联系。合成词包含不止一个语素，语素在不同程度、从不同方面、用不同的方式表示了词义。比如"道路、朋友、语言、美丽、柔软、攻打"中的两个语素是同义的，每一个语素都表示了词义，"尘垢、真诚、轻信、畏难、年迈、私营、出众、鲜红"的词义是语素义按照构词法所确定的关系组合起来的意义，"尘垢"两个语素是并列关系，这个词表示的意思就是"灰尘和污垢"，"出众"两个语素之间是述宾关系，整个词就是"超出众人"的意思，对于这样的词，释义应显示出语素的意义及语素之间的关系，便于学习者根据语素义及其结构关系体会词义，同时也会有助于学习者语素意识的养成和强化；"风雨、辛辣、帽舌、林立、丝竹、眉目"等通过修辞造词法造出的词除了要指出语素的本义和修辞义之外，更要指明语素本义与修辞义之间的联系，如"风雨"中"风"和"雨"是自然界两种常见的天气现象，往往是人们所不希望发生的，因而用来比喻艰难困苦；"丝竹"中的"丝"和"竹"本义分别表示"蚕丝"和"竹子"，因为可以分别用来制作弦乐器和管乐器，因此"丝竹"成为琴、瑟、箫、笛等乐器的总称，这是用材料代乐器的借代法造词。

在释义的时候，对理据明显的合成词的语素义要明确落实到词义中，以清楚地显示词义与语素义之间的联系以及语素之间的结构关系，如"持久"是"持续时间长"的意思，"持"与"持续"和"久"与"时间长"分别对应；又如"面包车""雪花膏""鸭舌帽""鸭蛋青""鹅蛋脸""柳叶眉"等，理据说清楚了，等于把词义解释明白了。又如"雪白"不是主谓关系，不能理解成"雪很白"，而是"像雪那样白"的意思，"雪"和"白"之间是偏正关系，"雪"是"像雪那样"的意思。

有的合成词的语素义提示了事物的某些特征，而不是全部内涵，如"烤鸭"是指"挂在特制的炉子里加入各种调味料烤熟的鸭子"，而"烤鸭"这个词中只保留了"烤熟的"这个特征，又如"绿豆"的理性意义是"一年生草本植物，叶子为三片小叶组成的复叶，花小、黄色，结荚果，种子绿色。种子供食用，也可酿酒。种子、花、叶和种皮均可入药"，在词形上只保留了"种子绿色"的特征。又比如"卷心菜""包心菜""洋白菜""大头菜"分别根据不同的特征从不同的角度加以命名，属于同实异名，"一种语言的词往往并不反映外部世界的全部实际情况，只是反映出操这种语言的人注意到的地方"。①

合成词当中的派生词含有词缀语素，而词缀具有词性的标志功能和不同的语用特点，释义时注意这些特点便于学习者进行类化理解。如含有前缀"老""阿"的词为名词，如"老虎""老师""老鼠""老乡""老总""老王""老大""阿姨""阿爸""阿妹"等，含有后缀"子""儿""头"的也为名词，如"桌子""椅子""推子""疯子""胖子""皮儿""画儿""盖儿""亮儿""石头""看头""甜头""苦头""锄头"，含有后缀"化"和"于"的一般为动词，如"美化""丑化""淡化""恶化""净化""老化""等于""便于""处于""敢于""急于""乐于""善于""属于""位于""用于"等。

合成词中有不少词从字面上很难看出语素义与词义之间的联系，这种合成词的理据是隐性的、潜藏着的，因其含有丰富的历史文化内容，往往需要进行专门的考证才能探究出来，比如"拍马屁"为什么是谄媚奉承的意思呢？原来，蒙古族人喜欢马，邻里朋友之间见了面，都要拍拍马的屁股说："好马"，即使这只马未必是良马，因此"拍马屁"就成了讨好逢迎的代称。

有些词的理据是在特殊的历史背景和文化心理下产生的，如"原来"本来写作"元来"，"元"的本义是"开始的，第一"，符合"原来"的意义。明代朱元璋的时候，把"元来"改成了"原来"，因为"元"会使人想到"元朝"，"元来"会使人想到"元朝卷土重来"，而这是明朝最不希望发生的事情。②"黄瓜"原称胡瓜，西汉时从西域引进，因而冠以"胡"字。十六国时，后赵明帝石勒是羯族人，亦即胡人，于是改称"黄瓜"。③

---

① 索绪尔（高名凯译）:《普通语言学教程》，商务印书馆，1982年。
② 王艾录、司富珍:《语言理据研究》，中国社会科学出版社，2002年。
③ 周有光:《语文闲谈》，三联书店，1995年。

这些理据在释义时予以提及，可以加深学习者对语素意义及其与词义关系的理解，同时有趣的理据故事可以增进学习者对中国历史文化的了解，增强学习的趣味性，有利于获得良好的学习效果。

作为词汇的重要成员，成语有很多来源于神话传说、寓言故事、历史事实、古文语句等，如"守株待兔""愚公移山""刻舟求剑""狐假虎威""画蛇添足""夸父逐日"等出自神话寓言，"怒发冲冠""指鹿为马""草木皆兵""望梅止渴""破釜沉舟"等来自历史故事，"名正言顺""车水马龙""杞人忧天""好为人师"等来自古代文学作品的语句，因此概述这些成语的故事内容即理据对学习者来说无疑是大有裨益的。

三、实用性原则

实用性原则就是指词典应真正实现方便、快捷而高效地满足学习者需要的功能，尽可能帮助学习者达到自学词语效率的最大化。做到实用性原则，应注意以下几个方面。

（一）收词和义项设立

对外汉语学习词典的读者对象应是有一定基础的以汉语为第二语言的学习者，至少应有初级水平。词典的收词范围和义项设立要适应使用者的水平，满足他们进一步提高汉语水平的学习需求。据统计，外国留学生在国内经过两年的正规学习，词汇量达到4 500个左右，对于多义词等掌握的也大多是常用义。根据读者对象的水平、词典的规模和性质，对外汉语学习词典的词条可从《汉语水平词汇与汉字等级大纲》《新汉语水平考试大纲》以及《汉语国际教育用音节汉字词汇等级划分》等权威词表中进行选择，同时可以参考有关的教材。常见的组合形式和口语表达形式即语块，如"梦见""意味着""意识到""从……到……""连……也……""V来V去""动不动""也就""这不"等应酌情收录。

条目和义项要合理设立，首先要注意的就是单语对外汉语学习词典的条目和义项不能完全等同于对内汉语词典，它的分合取舍相对于对内汉语词典具有更加显著的区别性，对内汉语词典合为一个义项的，对外汉语词典可以拆分为两个义项；对内汉语词典的几个义项，对外汉语词典也可以合为一个义项；对对内汉语词典的多个义项，对外汉语词典可以根据使用频率的高低进行取舍，保留使用频率高的，舍去频率低的。也就是说，对外汉语词典的条目和义项的收录不能照搬本族人使用的词典，要有增删取舍，这是由词典的对象性和实用性特点决定的。

（二）释义方式

对外汉语词典释义应使用常用词或受限语言，语句简短、表义明确。常用的方法有定义法、举例法、理据说明法、同义法和反义法等，需要注意的是，切忌陷入以词释词的循环论证中，这样的解释不仅毫无意义，而且会给学习者带来困惑。

释义的时候尽量不用书面语词注释书面语词，特别是不能用书面近义词来注释另一个书面语词。[①]要注意词语间的反义关系的说明，如：

加：把多个数目或事物合在一起。（跟"减"相对）

释义不仅要关顾词语本身，还要考虑相关搭配成分的限制，比如"纷纷"一词，要求主语必须是"许多人或事物"。[②]用来辅助说明词义和用法的例句在必要的地方可以加一些注解性成分，下面是一个关于词条"差不多"的例子：

这本书我已经看得～了（快要看完了）。/这个月我～没出门（极少出门）。[③]

一般应按语素义项出条，并将含有该语素的常用词一一列出，以培养学生的语素意识，帮助他们扩大词汇量。

为显示语素义与词义之间的联系，可以对词的结构特点加以说明，如"笔直"是偏正式的，其中的"笔"是用来修饰"直"的，意思是"像笔那样"。又如"耳语"也是偏正式的，其中的"语"为动语素，"耳"是用来修

---

① 陆俭明：《现代汉语词汇研究·序》，载曹炜：《现代汉语词汇研究》，北京大学出版社，2004年。

② 周上之：《对外汉语的词典与词法》，《汉语学习》，2005年第6期。

③ 周小兵：《对外汉语学习词典的编写》，《辞书研究》，1997年第1期。

饰"语"的。"老师"是派生词，其中的"老"为构词前缀，没有任何实在的意义，而"老人"则是偏正式的复合词，其中的"老"具有实在的意义，用来修饰"人"。

（三）用法示例

示例是对外汉语词典的重要组成部分，其作用远不是对内汉语词典示例可以与之相比的，它存在的价值在于不仅用来显示词语的意义，更主要的是用来展示词语的用法，为学习者提供精当的使用范例，也就是说，示例并不是从属于释义的。通过示例来引进语法信息已经成为编纂学习词典的大趋势。[①]示例有词例、短语例、句例三种。丰富的词例可以帮助读者理解词中语素的意义，有助于他们扩大词汇量，进而掌握同类词的结构规律，如"酒吧""网吧""话吧""茶吧""陶吧"等；短语例句可以帮助学习者了解和掌握惯常的组合方式，避免非母语化的搭配；句例可以真实地显示出一个词的句法信息和常见的搭配形式，同时也为词义的显现提供了充足的语境，便于读者学习、领会、模仿和运用。

为保证语法示例的精当和充分，应注意以下几个方面：首先，例子要足够丰富，充足的例句便于全面展现词的句法特点和语义搭配要求，有效地将词语的使用特点在语境中具体地显示出来，使学习者易于掌握。其次，每个例句都要有明确的目的和针对性，具有一种或多种功能。例句不是盲目地、随意地设立的，而是按照每一语法特点编排的，以给学习者提供语法范本。对例句体现出来的语法特点可进行概括说明，也可进一步规则化和形式化。再次，例句应密切联系实际，为学习者提供具体可感的生活场景，便于他们领会词语的真正用法，以帮助他们学习如何用该词表达生活中常常需要表达的意思。由于具有现实性和实用性，例句容易激发起学习者的兴趣，学习者容易记住，进而成为他们模仿使用的一个范例。

对常见的容易引起混淆的同义词应加以简明扼要的辨析，如《商务馆学汉语词典》对"遍"和"次"进行了这样的辨析：

[①] 郑定欧：《对外汉语学习词典学刍议》，《世界汉语教学》，2004年第4期。

"遍"和"次"都是动量词，有时可以通用，如：再说一遍（次）|看过好几遍（次）了。"遍"表示动作的全过程，"次"只表示动作重复的数量，如：去了两次（*去了两遍）|进攻了三次（*进攻了三遍）|多次表示反对（*多遍表示反对）。

像"然而"与"但是"、"后来"与"以后"、"富裕"与"富有"、"工夫"和"时间"，等等，都有必要加以辨别分析，以解决学习者的实际困惑。

一些词典也用"注意"提示词的搭配要求、位置、语体和感情色彩以及使用条件等。如：

注意："表面"常跟"上"构成词组做状语。

注意："难怪"用在分句的句首；可以用在前一分句，也可以用在后一分句。用"难怪"的分句前后，一般有解释原因的分句。[①]

另外，对一些具有共性的常见偏误应加以说明，目的是对偏误进行预警，提前为学习者敲响警钟，以避免偏误产生之后纠偏的困难。如：

*我嫌这个房间。

*他没去那里，因为嫌那里的环境。

四、一致性原则

所谓一致性原则，简单地说，就是同类同模的原则。这里的"同类"包括词的理性意义类属上的相同，也包括结构特点上的相同，甚至造词特点上的相同，等等；这里的"同模"是指词典释义时应尽可能针对词与词之间相同的方面采用相同的表述文字和表述方式。对对外汉语学习词典而言，一致性原则非常重要，释义表述文字的相同可以显现同类词在意义、结构及造词特点上的共同特征，便于学习者把握语素的意义，了解词义的理据，同时也有利于形成词典表述文字的规则化和形式化，使受限语言的使用更加自然，促进词典和教材词语解释的规范化。

---

① 鲁健骥、吕文华主编：《商务馆学汉语词典》，商务印书馆，2006年。

（一）义类相同，释义模式相同

有共同的上义词且同处于一个层次上的一组下义词形成类义词，如"哥哥、姐姐、弟弟、妹妹""红、绿、蓝""馒头、包子、饺子"等。类义词也包括反义词，如"硬件—软件""上游—下游""开幕—闭幕""黑—白"等。类义词之间如果含有相同的语素，则结构方式往往是一致的，如"歌迷、影迷、球迷、棋迷、戏迷、书迷"等。解释类义词时，应将这些共同的方面用相同的词语和形式表述出来，如：

歌迷：喜欢听歌曲或唱歌而入迷的人。

影迷：喜欢看电影而入迷的人。

球迷：喜欢打球或看球赛而入迷的人。

棋迷：喜欢下棋或看下棋而入迷的人。

戏迷：喜欢看戏或唱戏而入迷的人。

书迷：① 喜欢读书或收藏书籍而入迷的人。② 喜欢听评弹、评书等而入迷的人。①

这些类义词共处于同一个语义场，拥有共同的语素"迷"，义为"喜欢某种精神产品或活动而沉醉其中的人"，在每一个词中"～迷"都解释为"喜欢做某事而入迷的人"，这同时也体现出了结构上相同的偏正关系。

鸡：家禽，品种很多，嘴短，上嘴稍弯曲，头部有红色的肉冠。翅膀短，不能高飞。也叫家鸡。

鸭：家禽，嘴扁腿短，趾间有蹼，善游泳。绒（rǒng）毛可用来絮被子、羽绒服或填充枕头。通常指家鸭。通称鸭子。

鹅：家禽，羽毛白色或灰色，额部有橙黄色或黑褐色肉质突起，雄的突起较大。颈长，嘴扁而阔，脚有蹼，能游泳，耐寒，吃青草、谷物、蔬菜、鱼虾等。

"鸡""鸭""鹅"同属家禽，上位词保持一致，这一点值得肯定。鸡、鸭、鹅的品种都很多，但"鸡"词条介绍了"品种很多"，"鸭"和"鹅"则未提及。三种家禽的毛都是有用的，但只介绍了鸭毛的作用，如若认为需

---

① 这部分词的释义除非特殊说明，均来自《现代汉语词典（第7版）》，商务印书馆，2016年。

要说明用途，三者均予说明；若否，则都不介绍，这样才可以做到整齐划一。鸭和鹅的脚上都有蹼，可是在表述的语言上却不相同："（鸭）趾间有蹼"，"（鹅）脚有蹼"，两者宜用同样的文字表述。鸭、鹅都会游泳，但表述的文字却不同："（鸭）善游泳"，"（鹅）能游泳"，如此表述，似乎鸭的游泳能力强于鹅，这里宜用相同的词语介绍。关于食物构成，只介绍了鹅的，其他两者则没有，有失协调，而"鹅"的食物也同样适于"鸡"和"鸭"，没有特殊性；另外，食物构成的说明似无多大必要性。关于对气候的适应性，只提及"（鹅）耐寒"，而事实上，鸡和鸭也有同样的适应性，却未予提及。凡此种种，显示出释义内容的随意性，反映出同类词语释义模式化的自觉意识还不够。

反义类义词的释义应体现出意义上的同类，也应体现出对应方面的相反或相对，比如：

上游：① 河流接近发源地的部分。② 借指先进的地位：力争～。

下游：① 河流接近出口的部分。② 借指落后的地位：不能甘居～。

反义词"上游—下游"共处于一个语义场中，拥有共同的语素"游"，义为"江河的一段"，在每一个词中，"～游"都释为"河流……的部分"，体现出结构上相同的偏正关系。两个词的反义关系，决定于异语素"上"和"下"，分别释为"接近发源地"和"接近出口"。两个词的比喻义也是整齐对应的，释为"借指……地位"，"上"和"下"分别释为"先进"和"落后"，以示反义关系。两词的释义很好地体现了一致性原则。

各自为多义词的一组反义词，互为反义关系的义项释义模式也应相同，如"深"有九个义项，"浅"有八个义项，"深"作为名词的"深度"义、作为副词的"很，十分"义、作为名词的"姓"义以及作为形容词的"距离开始的时间很久"义是"浅"所不具有的；而"浅"作为形容词的"（时间）短"义、作为形容词的"（程度）轻，不严重"义以及作为副词的"稍微"义也是"深"所没有的，这是词的不对称现象的反映。除此之外，两个词在其余的五个义项上则是彼此对应的：

深：① 形　从上到下或从外到里的距离大（跟"浅"相对，下③—⑥同）；

　　③ 形　深奥；

④形 深刻；深入；

⑤形 （感情）厚；(关系)密切；

⑥形 （颜色）浓。

浅：①形 从上到下或从外到里的距离小（跟"深"相对，②—⑤同）；

②形 浅显；

③形 浅薄；

④形 （感情）不深厚；

⑤形 （颜色）淡。

这五个对应的义项释义的模式基本一致，只是"深"的第五个义项和"浅"的第四个义项释义模式不尽相同，如果把"浅"的第四个义项改为"（感情）不深厚；(关系)不密切"就做到了完全的对应，有利于学习者和研究者系统把握词义之间的关系。

（二）结构相同，释义模式相同

构词特点相同的词，释义模式也应保持一致。比如：

雪白：状态词。像雪那样的洁白。

冰凉：状态词。（物体）很凉。

冰释：像冰一样融化，比喻嫌隙、怀疑、误会等完全消除。

蚕食：像蚕吃桑叶那样一点一点地吃掉，比喻逐步侵占。

鲸吞：像鲸一样地吞食，形容大量侵占。

席卷：像卷席子一样把东西全都卷进去。

鸟瞰：①从高处往下看；②事物的概括描述（多用于文章标题）。

上述这些词都是偏正式的复合词，其中前面的名词性语素都是用来描摹情状的，修饰后面的谓词性语素，意思是"像N那样A或V（N为名词性成分，A为形容词性成分，V为动词性成分）"，这类词属于比喻造词，具有比喻义。"冰释"和"蚕食"的模式比较合理，可以保留。"鲸吞"基本上与前两词保持了一致，但"形容大量侵占"中的"形容"改为"比喻"较好，可与同类词保持一致的释义模式，整齐有序。其他如"雪白"等似应做如下的调整：

雪白：状态词。像雪那样白，比喻非常白。

冰凉：状态词。像冰那样凉，比喻非常凉。

席卷：像卷席子一样把东西全都卷进去，比喻（海潮、思潮等）来势凶猛地侵袭（海岸）或影响（人们的思想等）。

鸟瞰：像鸟那样从高处往下看，①比喻俯视；②比喻对事物进行的概括描述（多用于文章标题）。

又比如以下一些词也具有结构上的共同特点，应有同样的释义模式，请看《现代汉语词典》的解释：

金字塔：古代埃及、美洲的一种建筑物，是用石头建成的三面或多面的角锥体，远看像汉字的"金"字。埃及金字塔是古代帝王的陵墓。

丁字尺：绘图的用具，多用木料或塑料制成，形状呈T形，像丁字。

八字步：（～儿）走路时两个脚尖向内或向外成八字的步子。

十字架：罗马帝国时代的一种刑具，是一个十字形的木架，把人的两手、两脚钉在上面，任他慢慢死去。据基督教《新约全书》中记载，耶稣被钉死在十字架上。因此基督教徒就把十字架作为信仰的标记，也看作受难或死亡的象征。

上述词都是偏正结构的名词，修饰成分为"×字"，说明该词表示的事物的形状似汉字的某字。释义时突出"像'×'字"，也就说明了词的理据。"金字塔""丁字尺""十字架"可以用"（性质）+（材料）+形状像×字"的模式来统一释义，"金字塔""丁字尺"都基本符合这一模式，但"丁字尺"释语中的后部分应为"像'丁'字"（原释中"丁"字未加引号，不妥）。"八字步"和"十字架"可做如下的调整：

八字步：（～儿）走路时两个脚尖向内或向外形成的步子，形状像"八"字。

十字架：罗马帝国时代的一种木质刑具，把人的两手、两脚钉在上面，任他慢慢死去，形状像"十"字。据基督教《新约全书》中记载，耶稣被钉死在十字架上，因此基督教徒就把十字架作为信仰的标记，也看作受难或死亡的象征。

其他如"人字呢""八字胡""田字格"都适用此模式。

现代汉语的后缀"化"可加在形容语素的后面，构成"A+化"的形式，表示"使变A"的意思。我们选取《现代汉语词典》对部分"化"缀词的解释来讨论此类词的释义模式：

美化：加以装饰或点缀使美观或美好。

丑化：把本来不丑的事物弄成丑的或形容成丑的。

绿化：种植树木花草，使环境优美卫生，防止水土流失。

简化：把繁杂的变成简单的。

优化：加以改变或选择使优良。

根据同类同模的原则，将上述词的释义模式统一起来，如下解释可作参考：

美化：用语言或行动使变美。

丑化：用语言或行动使变丑。

绿化：种植树木花草，使变绿，使环境优美卫生，防止水土流失。

简化：使变简单。

优化：使变优良。

汉语中有一类联合关系的复合词，其中的两个语素意义相反，形成的意义表示某一方面的程度，如：

长短：①（～儿）图　长短的程度：这件衣裳～儿正合适。

厚薄：①图　厚度：这块板子的～正合适。

高低：①图　高度：朗诵时，声音的～要掌握好|因为离得远，估不出山崖的～。

深浅：①图　深浅的程度：你去打听一下这里河水的～，能不能蹚水过去。

宽窄：图　宽度：这块布的～做窗帘正合适。

《现代汉语词典》对此五词进行释义的模式可以分为两种情况：第一种情况"厚薄""高低"和"宽窄"分别释为"厚度""高度"和"宽度"，第二种情况的"长短"和"深浅"分别释为"长短的程度"和"深浅的程度"，有以词释词之嫌，其实根据同类同模的原则，同样可以释为"长度"和"深度"。上述五词结构方式相同，都可以以"～度"来解释，这样整齐划一，便于发现词语的结构规律和不对称等现象，同时也便于学习者通过类聚关系掌握词语。

离合词是现代汉语中较为特殊的一类词，也是把汉语作为第二语言学习的外国人或外族人经常发生偏误的一种词。离合词绝大多数是述宾结构，而述宾结构一般是不能直接带宾语的。以下是《现代汉语词典》中一些此类词的解释：

见面：彼此对面相见。

结婚：男子和女子经过合法手续结合成为夫妻。

毕业：在学校或训练班学习期满，达到规定的要求，结束学习。

理发：剪短并修整头发。

谈话：两个人或许多人在一起说话。

上述解释体现出了此类词的不及物性，编写对外汉语学习词典，除在释语中显示出不及物性并注明离合词外，还要指出经常共现的词语和常见的形式。

见面：彼此对面相见。常见的形式有：跟（和/同/与）……见面，见过/了一次面。

结婚：结为婚姻。常见的形式有：跟（和/同/与）……结婚，结过婚。

毕业：完成学业。常见的形式有：从……毕业，毕了业。

理发：剪短并修整头发。常见的形式有：给……理发，理了一次发。

谈话：两个人或许多人在一起说话。常见的形式有：跟（和/同/与）……谈话，谈了（一次）话。

（三）造词法相同，释义模式相同

造词法有不同的类型，做到每一种释义模式都完全相同，颇为不易，对于说明造词法而言，就更为不易，因为其本身又包含不同的次类，每一次类都有不同的特点。但是有些类型的造词法，如缩略法、摹声法等是可以做到同类同模的。

彩电：①彩色电视的简称；②指彩色电视机。

彩照：彩色照片。

彩显：彩色显示器的简称。

邮编：邮政编码的简称。

科技：科学技术。

空姐：空中小姐的简称。

高校：高等学校的简称。

外长：外交部长的简称。

非典：非典型肺炎②的简称。［非典型肺炎：②特指由冠状病毒引起的传染性非典型肺炎（正式名称是严重急性呼吸综合征）。简称非典。］

公关：公共关系的简称。

我们可以看出，《现代汉语词典》对缩略词的释义基本上采用的是"缩略词原形＋'的简称'"的模式，而"彩照""科技"只写出原形，未明确指出是一种简称，从整体上看，有失严整。

关于音译外来词，一般的释义模式是先说明其理性意义，然后指出源出语及原词，如：

沙发：装有弹簧或厚泡沫塑料等的坐具，一般有靠背和扶手。［英sofa］

可乐：一种饮料，用可乐果树的籽实为原料加工配制而成，含二氧化碳，不含酒精，味甜，呈棕色。也指其他类似的饮料。［英cola］

直译词的释义模式一般同于音译外来词。看以下几例：

蜜月：新婚第一个月。

马力：功率的非法定计量单位，符号HP，hp。在标准重力加速度下，每秒钟把75千克的物体提高1米所做的功就是1马力，1马力约合735瓦。

白领：指从事脑力劳动的职员，如管理人员、技术人员、政府公务人员等，他们工作时多穿白色衬衫。

蓝牙：一种近距离的无线传输应用技术，在10—100米范围内，把专用的半导体装入机器中，无须借助电缆就可连接计算机、打印机、数字相机、电视机、手机、微波炉等，并能同时进行数据和语音传输。是英语Bluetooth的直译。

热狗：中间夹有热香肠、蔬菜、调味酱等的面包。是英语hot dog的直译。

以上几个词都是直译词，但"蜜月""马力"和"白领"没有指出源出语和原词，理想的做法是一并加以说明，即"是英语honeymoon的直译""是英语horsepower的直译""是英语white collar的直译"。

拟声词是对事物发出的声音的摹拟，释义的模式一般为"形容……（的）声（音）"，如：

哗啦：形容撞击、水流等的声音。

叮当：形容金属、瓷器、玉饰等撞击的声音。

轰隆：形容雷声、爆炸声、机器声等。

滴答：形容水滴落下的声音。

乒乓：形容东西撞击的声音。

本章小结

对外汉语词典和对内汉语词典不是一回事，两者之间存在着读者对象、收词范围和义项处理、编排体例、侧重点、释义和示例用词语、示例的要求等方面的不同。目前的对内汉语词典虽然取得了一定的成绩，但仍有美中不足之处，对外汉语词典的精品比较少见，需要加以改进的方面很多。单语对外汉语词典应遵循可读性原则、理据性原则、实用性原则和一致性原则。

思考题

1. 对内汉语词典和对外汉语词典的不同表现在哪些方面？

2. 你认为《现代汉语词典》有哪些需要改进的方面？

3. 就你了解的一本或几本对外汉语词典，说说目前的对外汉语词典存在的不足。

4. 单语对外汉语词典应遵循哪些编写原则？

5. 怎样做到单语对外汉语词典的可读性原则？

6. 举例说明什么是单语对外汉语词典的一致性原则？

本章主要参考文献

曹炜：《现代汉语词义学》，学林出版社，2001年。

曹炜：《现代汉语词汇研究》，北京大学出版社，2004年。

G. Liu：《单语外向型汉语学习词典的理论与实践》，《辞书研究》，1999年第5期。

黄建华：《词典论》，上海辞书出版社，2001年。

刘川平：《对外汉语学习词典用例的一般原则》，《辞书研究》，2006年第4期。

鲁健骥、吕文华主编：《商务馆学汉语词典》，商务印书馆，2006年。

陆俭明：《商务馆学汉语词典·序》，载鲁健骥、吕文华主编：《商务馆学汉语词典》，商务印书馆，2006年。

盛若菁：《对外汉语词典编纂中的语用原则》，《西南师范大学学报（社会科学版）》，2006年第6期。

苏新春：《汉语释义元语言研究》，上海教育出版社，2005年。

杨子菁：《评三部对外汉语学习词典及对提高释义水平的思考》，《辞书研究》，2001年第4期。

张莉：《〈现代汉语词典〉多义词处理指瑕》，《河北大学学报（哲学社会科学版）》，2005年第1期。

郑定欧：《对外汉语学习词典学刍议》，《世界汉语教学》，2004年第4期。

周上之：《对外汉语的词典与词法》，《汉语学习》，2005年第6期。

周小兵：《对外汉语学习词典的编写》，《辞书研究》，1997年第1期。

主要参考文献

1. G. Liu：《单语外向型汉语学习词典的理论与实践》,《辞书研究》, 1999年第5期。

2. 曹惠：《从留学生作文谈篇章层面的词汇教学》,《语言文字应用》, 2002年第2期。

3. 曹炜：《现代汉语词汇研究》, 北京大学出版社, 2004年。

4. 曹炜：《现代汉语词义学》, 学林出版社, 2001年。

5. 常敬宇：《汉语词汇与文化》, 北京大学出版社, 1995年。

6. 常敬宇：《汉语词汇的网络性与对外汉语词汇教学》,《暨南大学华文学院学报》, 2003年第3期。

7. 陈丙超：《评〈朗曼当代英语词典〉》,《辞书研究》, 1982年第3期。

8. 陈桂德：《关于词语教学的思考》,《华侨大学学报》, 1998年第3期。

9. 陈杰：《对外汉语教学中的同义词辨析》,《理论界》, 2005年第12期。

10. 陈俊、杨云峰、王蕾：《论母语负迁移对中介语石化现象的影响》,《金陵科技学院学报》, 2005年第3期。

11. 陈万会：《论第二语言词汇研究与教学地位的变迁》,《聊城大学学报（社会科学版）》, 2006年第5期。

12. 陈治安：《英汉复合词比较》,《西南师范大学学报（社会科学版）》, 1990年第4期。

13. 成燕燕：《语素释义说略》,《伊犁师范学院学报》, 2005年第4期。

14. 董秀芳：《汉语的词库与词法》, 北京大学出版社, 2004年。

15. 樊莉：《对外汉语词汇习得的研究及其在教学上的启发》,《安阳工学院学报》, 2005年第5期。

16. 冯传强：《现代汉语词汇构造特点与对外汉语教学》,《胜利油田师范专科学校学报》, 2005年第4期。

17. 冯丽萍：《中级汉语水平外国学生的中文词汇识别规律分析》,《暨南大学华文学院学报》，2003年第3期。

18. 冯丽萍：《非汉字背景留学生汉字形音识别的影响因素》，《汉字文化》，2002年第3期。

19. 冯胜利、胡文泽主编：《对外汉语书面语教学与研究的最新发展》，北京语言大学出版社，2005年。

20. 傅瑞华：《论词汇教学中的增进意识》，《世界汉语教学》，2003年第2期。

21. 高宁慧：《留学生的代词偏误与代词在篇章中的使用原则》，《世界汉语教学》，1996年第2期。

22. 高燕：《谈类推造词法》，《沈阳师范学院学报（社会科学版）》，2000年第4期。

23. 高燕：《浅谈对外汉语的虚化趋向动词补语教学》，《吉首大学学报（社科综合版）》，2001年第2期。

24. 高燕：《别解探析》，《汉语学习》，2007年第5期。

25. 格罗斯：《词汇—语法的构建》，《语言文字应用》，2004年增刊。

26. 葛本仪：《现代汉语词汇学（修订本）》，山东人民出版社，2001年。

27. 桂诗春：《我国外语教学的新思考》，《外国语》，2004年第4期。

28. 郭晓沛、吕兆格：《浅析外国人学习汉语外来词的障碍》，《职业教育研究》，2005年第11期。

29. 韩梅：《对外汉语综合课词汇教学初探》，《文教资料》，2006年6月号下旬刊。

30. 郝友：《词块——对外汉语词汇教学中待开发的资源》，《湘潭师范学院学报（社会科学版）》，2006年第6期。

31. 何干俊：《对英语国家留学生汉语教学中的词汇问题的探讨》，《江西师范大学学报（哲学社会科学版）》，2002年第3期。

32. 何杰：《现代汉语量词研究》，民族出版社，2000年。

33. 黄玉花：《韩国留学生的篇章偏误分析》，《中央民族大学学报（哲学社会科学版）》，2005年第5期。

34. 黄远振：《词的理据理论与词汇教学》，《山东外语教学》，2003年第

3 期。

35. 黄远振：《词的形态理据与词汇习得的相关性》，《外语教学与研究（外国语文双月刊）》，2001 年第 6 期。

36. 胡明扬：《对外汉语教学中语汇教学的若干问题》，《语言文字应用》，1997 年第 1 期。

37. 洪波：《对外汉语单语成语学习词典编纂的几个问题》，《云南师范大学学报（对外汉语教学与研究版）》，2003 年第 6 期。

38. 贾琳琳：《词块理论及其对第二语言能力发展的启示》，《江汉大学学报（社会科学版）》，2004 年第 1 期。

39. 江新：《词汇习得研究及其在教学上的意义》，《语言教学与研究》，1998 年第 3 期。

40. 江宏：《汉英颜色词文化学探析》，《广西大学学报（哲学社会科学版）》，1999 年第 4 期。

41. 金贞子：《韩国学生学习汉语词汇中的若干干扰因素》，《延边教育学院学报》，2005 年第 6 期。

42. 李大忠：《外国人学汉语语法偏误分析》，北京语言文化大学出版社，1996 年。

43. 李国慧：《惯用语与对外汉语教学》，《佳木斯大学社会科学学报》，2005 年第 4 期。

44. 李开：《对外汉语教学中的词汇教学与设计》，《语言教学与研究》，2002 年第 5 期。

45. 李庆燊：《词汇神话：第二语言习得研究在课堂教学中的应用》，《外语教学与研究》，2006 年第 6 期。

46. 李泉：《对外汉语教学理论思考》，教育科学出版社，2005 年。

47. 李如龙、杨吉春：《对外汉语教学应以词汇教学为中心》，《暨南大学华文学院学报》，2004 年第 4 期。

48. 李晓琪：《现代汉语虚词讲义》，北京大学出版社，2005 年。

49. 李晓琪：《论对外汉语虚词教学》，《世界汉语教学》，1998 年第 3 期。

50. 李晓琪：《关于建立词汇—语法教学模式的思考》，《语言教学与研究》，2004年第1期。

51. 李岩岩：《现代汉语插入语及留学生使用情况研究》，华东师范大学硕士学位论文，2016年。

52. 林宝卿：《汉语与中国文化》，科学出版社，2000年。

53. 刘辰诞：《教学篇章语言学》，上海外语教育出版社，2001年。

54. 刘川平：《对外汉语学习词典用例的一般原则》，《辞书研究》，2006年第4期。

55. 刘春梅：《现代汉语单双音同义名词的主要差异》，《华中师范大学学报（人文社会科学版）》，2006年第1期。

56. 刘富华：《HSK词汇大纲中汉日同形词的比较研究与对日本学生的汉语词汇教学》，《汉语学习》，1998年第6期。

57. 刘叔新：《汉语描写词汇学》，商务印书馆，1990年。

58. 刘颂浩：《对外汉语教学研究》，教育科学出版社，2005年。

59. 刘珣：《对外汉语教育学引论》，北京语言大学出版社，2005年。

60. 刘月华：《实用现代汉语语法（增订本）》，商务印书馆，2004年。

61. 刘智伟、任敏：《近五年来对外汉语词汇教学研究综述》，《云南师范大学学报（对外汉语教学与研究版）》，2006年第2期。

62. 刘中富：《实用汉语词汇》，安徽教育出版社，2003年。

63. 柳丽慧：《偏误的类别、产生原因及教学策略》，《重庆三峡学院学报》，2005年第5期。

64. 柳英绿、金基石主编：《对外汉语教学的理论与实践》，延边大学出版社，1997年。

65. 陆俭明、王黎：《开展面向对外汉语教学的词汇语法研究》，《语言教学与研究》，2006年第2期。

66. 陆俭明：《对外汉语教学中的词汇教学问题》，载戴昭铭、陆镜光主编：《语言学问题集刊（第一辑）》，2001年。

67. 鹿士义：《词汇习得与第二语言能力研究》，《世界汉语教学》，2001年第3期。

68. 吕叔湘：《汉语语法论文集》，商务印书馆，1984年。

69. 马彩琴、谢菊兰：《英汉动物词语国俗语义对比与研究》，《文化教育》，2006年第6期。

70. 梅立崇：《汉语国俗词语刍议》，《世界汉语教学》，1993年第1期。

71. 潘文国：《字本位与汉语研究》，华东师范大学出版社，2002年。

72. 潘文国：《汉英语对比纲要》，北京语言文化大学出版社，1997年。

73. 潘文国、叶步清、韩洋：《汉语的构词法研究》，华东师范大学出版社，2004年。

74. 潘文国：《实用命名艺术手册》，华东师范大学出版社，1994年。

75. 彭聃龄：《语言心理学》，北京师范大学出版社，1991年。

76. 彭聃龄主编：《汉语认知研究》，山东教育出版社，1997年。

77. 彭小川：《关于对外汉语语篇教学的新思考》，《汉语学习》，2004年第2期。

78. 彭泽润、李葆嘉主编：《语言理论》，中南大学出版社，2000年。

79. 吴静、王瑞东：《词块——英语教学有待开发的资源》，《山东外语教学》，2002年第3期。

80. 乌丽亚·米吉提：《试析预科汉语教学中的国俗语义问题》，《新疆师范大学学报（哲学社会科学版）》，2005年第1期。

81. 邵敬敏主编：《现代汉语通论（第三版·下）》，上海教育出版社，2016年。

82. 沈家煊：《口误类型分析》，《著名中年语言学家自选集——沈家煊卷》，安徽教育出版社，2002年。

83. 沈履伟：《高级阶段汉语词义教学的几个问题》，《天津外国语学院学报》，2002年第2期。

84. 沈敏：《"眼看"与"马上"辨析——兼谈对外汉语词汇教学》，《语文学刊》，2006年第7期。

85. 盛若菁：《对外汉语词典编纂中的语用原则》，《西南师范大学学报（人文社会科学版）》，2006年第6期。

86. 施正宇：《外国留学生形符书写偏误分析》，《北京大学学报（哲学社会科学版）》，1994年第4期。

87. 苏培成：《汉语学习词典的特点及其编写——〈应用汉语词典〉评析》，《辞书研究》，2003年第4期。

88. 苏新春：《汉语释义元语言研究》，上海教育出版社，2005年。

89. 孙燕青：《语境与第二语言词汇学习》，《宁波大学学报（教育科学版）》，2000年第8期。

90. 索绪尔著，高名凯译：《普通语言学教程》，商务印书馆，1982年。

91. 魏庭新：《外国学生学习汉语成语的难点分析及对策》，《云南师范大学学报（对外汉语教学与研究版）》，2007年第2期。

92. 吴丽君等：《日本学生汉语习得偏误研究》，中国社会科学出版社，2002年。

93. 吴勇毅：《词语的解释》，《汉语研究与应用（第二辑）》，中国社会科学出版社，2004年。

94. 吴勇毅：《教学词与词典词》，载《第六届国际汉语教学讨论会论文选》，北京大学出版社，2000年。

95. 吴勇毅：《汉语作为第二语言（CSL）语法教学的"语法词汇化"问题》，《第七届国际汉语教学讨论会论文选》，北京大学出版社，2004年。

96. 谢米纳斯：《汉语词汇教学初探》，《语言教学与研究》，1998年第1期。

97. 肖奚强：《略论偏误分析的基本原则》，《语言文字应用》，2001年第1期。

98. 肖奚强：《外国学生照应偏误分析——偏误分析丛论之三》，《汉语学习》，2001年第1期。

99. 肖贤彬：《对外汉语词汇教学中"语素法"的几个问题》，《汉语学习》，2002年第6期。

100. 徐畅贤：《构块语法：语言研究和教学的新视角》，《湖南城市学院学报》，2006年第3期。

101. 徐子亮：《汉语作为外语教学的认知理论研究》，华语教学出版社，2000年。

102. 徐子亮、吴仁甫：《实用对外汉语教学法》，北京大学出版社，2005年。

103. 徐子亮：《认知与释词》，《华东师范大学学报（哲学社会科学版）》，1994年第3期。

104. 徐子亮：《语境在汉语作为外语学习中的认知作用》，《南京大学学报（哲学·人文科学·社会科学）》，2000年第5期。

105. 许光烈：《谈对外汉语的词汇教学》，《五邑大学学报（社会科学版）》，2005年第3期。

106. 许光烈：《汉语词的理据及其基本类型》，《语言文字学》，1995年第4期。

107. 许光烈：《汉语词语理据特点管窥》，《学语文》，1998年第6期。

108. 焉德才：《论对外汉语词汇教学过程中的"偏误预治"策略》，《云南师范大学学报（对外汉语教学与研究版）》，2005年第6期。

109. 严维华：《语块对基本词汇习得的作用》，《解放军外国语学院学报》，2003年第6期。

110. 杨惠元：《强化词语教学，淡化句法教学——也谈对外汉语教学中的语法教学》，《语言教学与研究》，2003年第1期。

111. 杨玉晨：《英语词汇的"板块性"及其对英语教学的意义》，《外语界》，1999年第3期。

112. 杨子菁：《评三部对外汉语学习词典及对提高释义水平的思考》，《辞书研究》，2001年第4期。

113. 于根元：《应用语言学理论纲要》，华语教学出版社，1999年。

114. 王艾录、司富珍：《汉语的语词理据》，商务印书馆，2001年。

115. 王艾录、司富珍：《语言理据研究》，中国社会科学出版社，2002年。

116. 王国安、王小曼：《汉语词语的文化透视》，汉语大词典出版社，2003年。

117. 王吉辉：《对外汉语词语教学的几个问题》，《天津外国语学院学报》，2000年第4期。

118. 王嘉宾、吴海燕：《对外汉语教学词汇复习方略》，《莱阳农学院学报（社会科学版）》，2002年第1期。

119. 王魁京：《第二语言学习理论研究》，北京师范大学出版社，1998年。

120. 王立杰：《词语的理据与词义理解——兼及词语的理据研究在对外汉

语词汇教学中的作用》,《天津商学院学报》,1999年第1期。

121. 王玲:《以"词块理论"为原则的对外汉语教学》,《安徽工业大学学报(社会科学版)》,2005年第4期。

122. 王小宁:《对外汉语词汇教学初探》,《清华大学学报(哲学社会科学版)》,1995年第4期。

123. 张必隐:《阅读心理学》,北京师范大学出版社,1992年。

124. 张崇富:《语言环境与第二语言获得》,《世界汉语教学》,1999年第3期。

125. 张和生:《对外汉语词汇教学研究述评》,《语言文字应用》,2005年9月。

126. 张建新:《阅读教学中词汇教学的原则和方法》,《语言与翻译》,2005年第4期。

127. 张莉:《〈现代汉语词典〉多义词处理指瑕》,《河北大学学报(哲学社会科学版)》,2005年第1期。

128. 张丽娟、李芳芳:《对外汉语教学中的同义词辨析》,《台声·新视角》,2005年第11期。

129. 张若莹:《从中高级阶段学生词汇习得的偏误看中高级阶段词汇教学的基本问题》,《首都师范大学学报(社会科学版)》,2000年增刊。

130. 张亚冰:《对外汉语词汇教学的若干思考》,《辽宁教育行政学院学报》,2005年第1期。

131. 张玉来:《现代汉语词汇系统的问题》,《临沂师范学院学报》,2005年第2期。

132. 章兼中:《国外外语教学法主要流派》,华东师范大学出版社,1983年。

133. 赵成新:《对外汉语教学中的一个不可或缺的因素——汉语节律对句法的影响》,《河南大学学报(社会科学版)》,2005年第9期。

134. 赵春利:《对外汉语偏误分析二十年研究回顾》,《云南师范大学学报(对外汉语教学与研究版)》,2005年第2期。

135. 赵果:《"我国"中的"我"——兼论对外汉语词汇教学》,《汉语学习》，2002年第4期。

136. 赵贤州主编：《对外汉语教学通论》，上海外语教育出版社，1996年。

137. 郑定欧：《词汇语法理论与汉语句法研究》，北京语言文化大学出版社，1999年。

138. 郑定欧：《对外汉语学习词典学刍议》，《世界汉语教学》，2004年第4期。

139. 郑定欧：《对外汉语学习词典学亟待构建》，《辞书研究》，2005年第4期。

140. 郑述谱：《词典·词汇·术语》，黑龙江人民出版社，2005年。

141. 中国社会科学院语言研究所词典编辑室：《现代汉语词典（第7版）》，商务印书馆，2016年。

142. 周荐：《基本词汇与一般词汇划分刍议》，载《词语的意义和结构》，天津古籍出版社，1994年。

143. 周荐：《汉语词汇结构论》，上海辞书出版社，2004年。

144. 周健：《语块在对外汉语教学中的价值与作用》，《暨南学报（哲学社会科学版）》，2007年第1期。

145. 周小兵、朱其智主编：《对外汉语教学习得研究》，北京大学出版社，2006年。

146. 周上之：《对外汉语的词典与词法》，《汉语学习》，2005年第6期。

147. 周小兵：《对外汉语学习词典的编写》，《辞书研究》，1997年第1期。

148. 周小兵、李海鸥主编：《对外汉语教学入门》，中山大学出版社，2004年。

149. 朱洪林：《语块理论与词汇教学》，《大学英语（学术版）》，2005年。

150. 朱瑞平：《"日语汉字词"对对日汉语教学的负迁移作用例析》，《语言文字应用》，2005年9月。

151. 朱英月：《汉语水平词汇等级大纲中的中韩同形词比较分析》，《汉语学习》，1996年第5期。

152. 左民安：《细说汉字——1 000个汉字的起源与演变》，九州出版社，2005年。

后 记（第一版）

为适应学科发展和课程建设的需要，我们撰写了《对外汉语词汇教学》一书。本书旨在介绍和探讨对外汉语词汇教学的原则、理论、方法、策略和技巧等。本书以对外汉语专业的本科生、研究生为对象，也可用作对外汉语师资（包括志愿者）的培训教材。

词汇教学贯穿于对外汉语教学的始终，在各种语言要素教学中占据核心地位。本书从明确对外汉语的词汇范围和词汇教学的地位出发，着重探讨了词语释义的方法、特殊词语的教学、词汇的巩固和扩展、词汇的偏误分析以及对外汉语学习词典的编纂等问题，基本覆盖了词汇教学的主要方面。本书突出基础性和实用性，针对不同的内容和教学对象，分门别类介绍了多种切实可行的方法，力求在教学实践上具有可模仿性和可操作性。本书在编写过程中，吸收了国内外有关第二语言的教学研究成果，以期能为读者展示一些富有启发性和实用价值的教学理念和教学方法。本书也借鉴了汉语言学研究的一些新成果，使之服务于对外汉语教学的实践，同时使其在教学实践中得到进一步的验证和推广。从这一意义上说，本书也具有一定的本体研究参考价值。

本书得以出版，离不开潘文国教授、顾伟列教授的支持和关心，在此深表谢意！同时，在此非常感谢华东师范大学出版社的曹利群老师，她为本书的出版付出了辛勤的劳动！本书参考了很多前贤时彦的论著，包括一些教材，在此一并表示衷心的感谢！

由于理论修养和教学经验的不足，加之时间仓促，书中一定存在不当甚至错误之处，敬请读者提出宝贵意见。作者的联系方式是：gaoyann@126.com。

作 者

2007年10月

后　记（第二版）

　　本书问世以来，得到了广大读者朋友积极的反响。此次借再版之机，我们对部分内容进行了增删修改。

　　衷心感谢读者朋友的厚爱！衷心感谢华东师范大学出版社的支持！

　　作者的联系方式为：gaoyann@126.com。

作　者

2018年9月